childcare

함께 키우는

신육아론

윤혜경 저

학지사

머리말

우리 아이들을 어떤 환경에서 어떻게 길러야 할 것인가를 이야기하는 것은 바로 우리의 미래를 이야기하는 것이다. 아이들을 낳아서 기르고 가르치는 일이 가정의 책임으로 여겨지고 사적인 영역으로 남겨졌던 시대가 있었다. 그러나 오늘날은 출산을 비롯한 양육이 커다란 사회적 이슈가 되어 가고 있을 뿐 아니라, 그 사회가 다음 세대를 얼마나 책임 있게 양육할 수 있는가가 국가의 중요한 정책이 되어 가고 있다. 그만큼 출산과 양육이 공적이고 사회적 영역으로 변화한 것이다.

육아 노이로제, 육아불안 등 양육 스트레스와 관련된 다양한 개념들이 생겨나고 있으며, 문제의 요인과 해결의 방법을 과거와 달리 모자관계 외부에서 찾으려는 가능성도 많아지고 있는 현실이다. 즉, 육아가 애정 · 정서문제로 해석되는 데서 벗어나서 남편과 가족을 넘어 사회적 지원과 공적 지원의 대상으로 그 중요성이 부각되고 있는 것이다. 보호와 양육에 대한 핵가족의 책임이 사회화되던 시절의 '탈가족화'를 이미 벗어나서 '재가족화'하는 방향으로 나아가는 북유럽의 국가들도 있다. 이는 사회가 보호자의 양육에 적극 개입하는 또 다른 방법으로써 양육을 위한 시간을 사회적으로 확보해 주는 큰 흐름이라고 말할 수 있다.

우리 사회도 이미 저출산 사회에 돌입하면서, 다양한 양육의 공적 책임에 대한 사회적 합의를 위해 나아가는 과정에 있다고 여겨진다. 결국 함께 키우는 사회를 만들어 가는 과정에서 선진국들이 지나간 길들을 주시하고, 우리 사회에 맞는 정책적 · 사회적 방향을 잡아 가는 것에 대해 더불어 고민해야 할 때라고 생각한다.

양육의 질, 즐거운 양육, 좋은 양육이란 무엇인가? 여전히 부모의 재산과 지위가 아동에게 유전되는 미묘한 상호작용 속에서 '교육하는 부모'의 이미지는 한편으로 우리 사회의 중요한 이미지가 되었다. 유아교육이든 보육이든 결국은 좋은 양육을 위한 방법의 모색 속에서 아동이 최우선이 되어야 하는 것이 기본 원칙임에는 틀림없다. 그렇다면 좋은 양육을 위해서도 양육에 필요한 지식과 태도, 가치관을 습득하고 올바른 지식과 만나는 일이 중요할 것이다.

나는 그동안 영유아 교사를 양성하는 일을 해 오면서, 이론적으로나 실제적으로 지나치게 정형화되어 있는 이론서들에 비해 다소 편안하게 유아교육과 보육에 입문할 수 있는 책을 고민하여 왔다. 쉽게 다가갈 수 있으면서도 필요한 이론과 지식을 습득할 수 있다면 유아교육이나 보육을 전공할 학생들에게는 물론이고, 일반 교양을 위해서나, 부모교육을 위해서도 좋은 독서 자료가 될 수 있을 것이라는 다소 과다한 욕심을 가지고 이 책을 다듬어 왔다. 적지 않은 시간이 지나 이 책이 결국 세상에 나오게 되었지만, 두려운 마음이 앞선다.

이 책의 구성은 다음과 같다. 서장에서는 아동을 어떤 존재로 인식하는가를 다루었으며, 제1장에서는 유아기의 의미를 살펴보았다. 제2장에서는 유아의 발달을 이론에 기초하여 쉽게 정리하였다. 제3장에서는 유아교육과 보육이 발전하게 된 역사적 과정을 더듬어 보고, 현재 실행되는 대표적인 프로그램들을 소개하였다. 제4장에서는 실제로

3세 미만의 유아의 보육과 취학 전 연령까지의 유아교육의 내용들을 현행 표준보육과정과 유아교육과정을 기본으로 구성하였는다. 그리고 가정에서의 아동양육 내용들을 다루고, 실제로 발달에 관한 이론이 적용되는 실제를 언급해 보았다. 제5장에서는 교사론으로서 교사에게 요구되는 부분을 다루었고, 기관과 가정의 협력의 중요성을 부각하기 위하여 국립동경학예대학의 가정연계사례와 우리나라 유치원의 사례를 심도 있게 다루었다. 마지막으로 제6장에서는 아동을 바라보는 새로운 관점과 우리나라의 유아교육 · 보육의 현상과 전망을 다루었다.

이러한 내용들은 가능하면 새로운 형식으로 유연하게 다루어서 누구라도 쉽게 입문할 수 있도록 하는 것을 일관된 목표로 하였다. 그리고 아동을 양육하고 교육한다는 의미에서 유아교육과 보육을 굳이 분리하지 않았다. 이는 교육과 보육의 영역과 경계가 점점 엷어지는 오늘날의 현실을 고려한다면, 더욱이 입문서로서는 아동을 통합된 존재로 이해하고 연령과 발달에 근거하여 구성하는 것도 새로운 시도가 될 것이라는 생각에서 비롯한 것이다.

4년이라는 비교적 긴 시간 동안 고비가 있었지만 결국 출판되기까지 조언해 주고 격려해 준 벗들에게 먼저 감사하고 싶다. 그리고 사례를 실을 수 있도록 배려해 주시고 조언해 주신 동경학예대학의 이와다테 교오코(岩立京子) 선생께도 감사의 마음을 전한다. 마지막으로 이 책을 집필하면서 지나간 세월을 더듬어 보게 하고, 보이지 않게 나에게 힘이 되어 주는 아이들 정우, 준상에게 이 책을 전하고 싶다.

2008년 8월

윤혜경

차례

머리말 _3

서장: 아동은 어떤 존재인가? _11

제 1 장

유아기의 의미는 무엇인가 / 15

1. 현대사회에서 자람과 키움의 의미 _17
2. 유아의 세상에서의 존재방식 _22
3. 유아기의 생애상의 발달적 의미 _25

제 2 장

유아는 어떻게 발달하는가 / 31

1. 유아의 몸과 마음의 발달 _33
2. 어머니와 유아의 관계를 통한 발달 _39
3. 놀이의 발달적 의미 _45
4. 유아의 정신발달에 관한 여러 이론들 _55

제 3 장

유아교육과 보육은 어떻게 발전하였는가 / 69

1. 아동 교육사상과 초등교육의 시작 _71
2. 유치원과 보육시설의 기원과 전개 _77
3. 세계적인 유아교육 · 보육 프로그램 _87

제 4 장

아동보육과 유아교육은 어떻게 해야 하는가 / 103

1. 건강과 영양의 토대 _105
2. 영유아보육론 _109
3. 유아교육론 _123
4. 가정에서의 아동양육 _135
5. 현장에서 발달지식의 활용 _146

제 5 장

영유아 교사는 어떤 사람이어야 하는가 / 151

1. 교사에 대한 우리들의 기대 _153
2. 교사는 전문가 _156
3. 교사의 생애학습 _161
4. 상호협력의 중요성 _164
5. 사례 1: 일본의 동경학예대학 부속유치원–
지역사회 부모의 파트너십 사례 _167
6. 사례 2: 우리나라의 한 사립 유치원의 양육지원 사례_173

제 6 장

새로운 관점으로 양육을 생각하자 / 179

1. 아동을 이해하는 새로운 관점 _181
2. 발달에 관한 새로운 관점 _187
3. 유아교육 · 보육의 전망 _190
4. 글을 맺으며: 유아교육 · 보육의 미래의 방향 _202

찾아보기 _207

서장_ 아동은 어떤 존재인가

아동은 부모의 자녀이면서 사회의 자녀

아동은 어떤 존재인가?

아동은 부모의 자녀이면서 동시에 사회가 함께 책임지고 길러야 하는 사회의 자녀이기도 하다. 그러나 무엇보다 중요한 것은 아동이 아동 자신으로 존재한다는 점이다. 아동을 아동 자신으로 보는 것은 무엇을 의미하는가? 그것은 아동을 미래를 담고 있는 한 사람의 인간으로 보는 것을 의미한다.

미국의 유아교육 관계자가 참가하는 단체인 '전미유아교육협회'(NAEYC)는 '아동에의 약속'에서 다음과 같은 점을 명시하고 있다(1997). "유아기를 인간의 일생에서 독특한 가치가 있는 단계로 평가한다. 그러므로 유아의 현재의 생활의 질이 가치 있는 것이지, 단지 미래의 준비 단계로만 바라보아서는 안 된다."

이와 같은 표현은 유아가 독특한 한 사람 한 사람의 존엄성과 가치 그리고 독자성을 지닌 존재로서 존중되어야 함을 의미한다.

아동은 부모를 선택하여 태어날 수 없다. 물론 자신이 태어날 환경을 스스로 선택할 수도 없다. 그렇지만 아동은 주어진 환경 속에서 열심히 자신의 삶을 개척하며 살아가야 한다. 그들은 자신의 주변의 누군가를 사랑하고자 하는 본능적 욕구를 가지고 있다. 자신의 미래를 신뢰하고 있기 때문에 가까운 주변에 있는 누군가를 향하여 사랑을 주려고 한다. 그러나 불행하게도 현대 사회의 성인들은 아동의 이와 같은 사랑에 반응하지 못하는 경우가 많이 있다. 너무 바빠서 그럴 시간이 없는 경우도 있고, 현재의 자신의 일에 너무 집중하여 그럴 마음의 여유를 갖지 못하는 경우도 있다.

오늘날의 성인들은 예전에 자신도 지나왔던 아동기를 잃어버리고 사는 것은 아닐까? 자신을 긍정하지 못하고 신뢰하지 못하는 성인은 아동의 미래를 올바로 바라볼 수 없다. 진정한 사랑과 관심과 이해를 아동에게 주지 못하면서 단지 물질로만 보상하려 하거나, 자신의 현재의 관심과 가치관에 기초하여 아동을 바라보고 판단하는 경우가 너무나 많다. 안타깝게도 아동과 함께 살아가는 풍부하면서 충실한 삶이 점점 사라져가고 있다. 그러나 수많은 아동들이 성인에게 이해받지 못하면서 그래도 단념하지 않고 주변의 누군가를 향하여 사랑을 쏟아가며 살아가고 있다.

시작을 새로운 관점에서

유아교육과 보육을 이야기하기 위하여 이 책에서는 다음과 같은 관점에서 유아교육 · 보육의 문제를 바라보고자 한다.

첫째, 아동의 행복(아동의 최선의 이익)이다.

지금까지의 교육의 역사를 살펴보면, 주로 교육이 투자의 대상이나 인재양성의 수단으로 여겨지는 측면이 강하였다. 그러한 관점에서는 조기교육이나 재능개발이 주요한 관심사가 된다. 특히 과학경쟁이 더욱 치열해질 것이 예상되는 21세기에는 경쟁에서 살아남기 위한 인재양성이 교육의 주요한 과제가 될 것이다. 그러한 흐름 속에서 아동들의 행복을 보장하는 것이 가능할지 의심스러워진다.

유아교육 · 보육이 이러한 상황 속에서도 아동들의 진정한 행복을 외면하지 않고 이들의 행복을 보장할 수 있어야 한다는 문제의식을 갖는 것이 필요하다. 현장에서 유아교육 · 보육을 실천하는 교사들 한 사람 한 사람뿐 아니라 다음 세대를 키워 나갈 책임을 지닌 부모와 사회 모두가 함께 연구하고 노력하지 않으면 안 된다.

둘째, 평등사회의 실현이다.

20세기는 다양한 종류의 차별문제와 투쟁하는 역사였다고 말할 수 있다. 이제 21세기는 남녀노소, 문화 인종의 차이를 초월하는 평등사회를 실현하기 위하여 전 인류가 노력하는 시대가 될 것이다. 그러한 사회를 만들어 가는 데 한 역할을 담당할 수 있도록 아동들을 키우는 것이 교육이 해야 할 일이다.

따라서 지금의 유아교육 · 보육은 당면한 현재의 문제를 대증요법적인 차원에서 해결하는 것을 목표로 할 것이 아니라 미래지향적인 방향에서 목표, 방향, 내용, 교육의 방법을 생각하지 않으면 안 된다.

셋째, 아동의 인권존중이다.

국제사회가 아동의 인권을 선언한 지도 벌써 80여 년이 지나가고 있다. 우리나라의 교육도 그러한 인권사상의 흐름 속에서 민주주의 교육, 아동을 위한 교육으로 발전해 왔다. 그러나 이러한 흐름 가운데에서도 현재의 아동을 둘러싼 상황을 보면 아동의 인권이 잘 지켜지고 있지 않은 측면을 많이 볼 수 있다. 육아 상황에서 벌어지는 유아학대나 교육에서의 인권과 관련된 여러 가지 문제들이 아직 존재하고 있다.

그리고 아직도 아동을 결과론적 관점에서 바라보고 도구로 바라보는 경향이 있다. 어디까지나 아동을 '독자성을 지니고 살아가는 존재'로서 바라보지 않으면 안 된다. 아동과 함께 걸어가면서 풀어나가는 유아교육 · 보육의 해법에 대한 연구와 반성이 필요한 시점이다.

지금부터라도 유아교육 · 보육을 먼저는 아동의 관점에서 생각하고, 다음은 양육을 하는 부모의 관점에서 생각하며, 아동과 관련된 성인들이 무엇을 바라보아야 하는지를 생각해야 할 것이다.

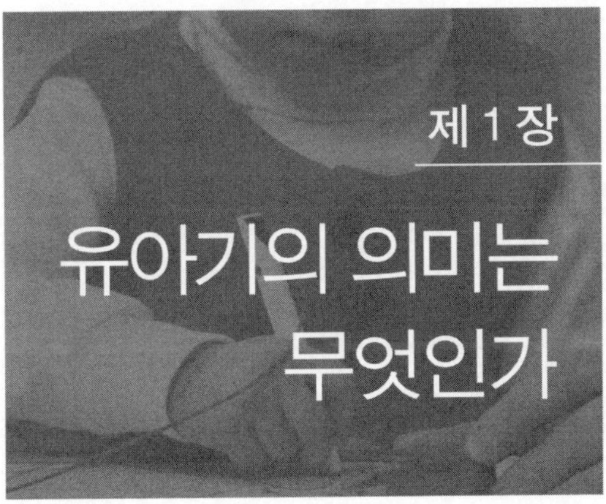

제 1 장

유아기의 의미는 무엇인가

제1장_ 유아기의 의미는 무엇인가

1. 현대사회에서 자람과 키움의 의미

1) 저출산 사회와 성장

우리나라의 출산율은 1960년대 초만 해도 6.0명으로 아주 높았다. 당시의 높은 인구증가율은 낮은 경제성장으로 감당하기 어려웠고, 따라서 출산율 감소가 중요한 사회의 과제로 여겨졌다.

그러나 1980년대 중반부터 1990년대 중반까지 1.6~1.7명으로 출산율이 낮은 수준에서 유지됨에 따라 인구증가 억제정책의 존폐에 대한 논의가 치열하였다. 그 이후에도 출산율은 계속 떨어졌고, 1997년 외환위기를 거치면서 더 빠른 속도로 감소하였다. 출산율은 1998년 처음으로 1.5명 미만으로 낮아졌고, 2001년부터는 1.3명 이하의 초저출산 현상이 지속되고 있다.

그렇다면 저출산은 아동의 양육과 구체적으로 어떠한 관계가 있는 것인가?

첫째, 가까운 생활환경에서 자신과 비슷한 또래의 놀이 친구가 감소하고 또래들과 보내는 시간이 감소한다. 또래와 함께 숨바꼭질하거나 곤충을 잡으며 배우는 놀이기술, 장난감을 빌려주거나 차례를 기다리면서 배우는 사회의 규칙들 및 다양한 인간관계 형성을 배울 기회가 한정되고 있다.

다른 사람과 상대하는 가운데 다양한 갈등을 체험하고 상대방의 기분을 생각해 볼 기회가 줄어든다는 것은 자기중심성이 강화되고 공동체의 일원으로서의 의식을 키울 기회가 줄어든다는 것을 의미한다. 소위 '고독한 인간'의 모습이 더욱 심화되는 것이다. 최근에는 아동의 대인관계 미숙에 대한 원인을 저출산에서 찾으려는 경향도 있다.

둘째, 저출산은 부모의 양육능력, 가정교육 능력을 저하시킨다. 아동을 기르는 부모 자신이 아동들과 함께 해 본 경험이 부족하여 아동의 발달 과정이나 특성에 관하여 생각하는 힘이 부족하고, 책이나 대중매체의 조언에 지나치게 의존하게 된다. 그러나 만일 아동이 그러한 조언이나 부모의 생각대로 자라지 않으면, 자신감을 상실하고 양육 스트레스에 휩싸이는 경향이 있다.

셋째, '적게 낳아서 잘 기르자'라는 조기교육이나 조기재능발견과 같은 교육산업에 현혹되어 아동을 소비나 투자의 '대상'으로 취급하는 경향도 볼 수 있다.

위와 같은 상황에서 부모나 아동을 일방적으로 나무라는 것도 또 다른 저출산의 원인이 될 수도 있다. 그보다는 아동을 사회의 일원으로 받아들이고, 양육의 즐거움, 뜻밖의 의외성, 기쁨, 고난, 고민을 공유하며 이해해 가는 기회를 장려하고, 부모의 '목소리'에 귀 기울이고자 하는 여론이나 사회분위기가 요구된다. 여기에는 '함께'라는 의식이 중요하다. 아동을 성인의 획일주의적 도구로 여기는 것이 아니라 함께 생활해 가는 공동체의 일원으로서 받아들이는 생각의 전환이 중요한 과제가 될 것이다.

2) 정보화 사회와 성장

1997년 일본에서 텔레비전의 인기만화 '포켓몬스터' 시청 중에 아동들이 두통과 호흡곤란을 호소하여 병원에 실려 가는 사건이 있었다. 컴퓨터의 싸우는 장면에서 나타나는 붉은빛과 푸른빛의 점멸 직후에 이런 일이 있었고, 이틀 뒤 보도된 사례만으로도 그런 아동의 수가 685명이나 되었다(일본 매일신문 12월 18일)는 것이다.

이 사건은 우리나라에서도 크게 관심을 끌었다. 아동이 텔레비전을 비롯하여 대중매체의 환경 속에서 자라는 문제에 대해 생각하게 하고, 컴퓨터 등 정보통신기기가 아동의 몸과 마음에 어떤 영향을 주는지에 대한 논의를 불러일으키는 계기가 되었다.

첫 번째는 가상 세계에 몸을 두고 사는 아동의 모습이다. '다마고치'에서 시작된 전자 애완동물의 의사체험은 현실과 공상세계의 구별을 어렵게 만들기도 하였다. 어떤 5세 아동이 할아버지가 돌아가시자 "조금 지나면 할아버지가 일어날 거야. 어떤 단추를 누르지?"라고 말하는 것을 보고, 그 어머니가 걱정하는 것을 들은 적이 있다. 또한 가상현실에 사로잡히는 것은 오감을 사용하는 신체의 주변 사물에 대한 감성의 발달을 저해한다는 우려의 소리가 높다.

두 번째는 '스냅숏'화하는 아동의 모습이다. 눈앞에서 순식간에 변화하는 영상이나 게임의 화면체험은 '말이 필요하지 않은' '곧 사라져 버리는' '기다리지 못하는' 아동을 만들어 낸다는 이야기가 있다. 그래서 정보원의 주류인 대중매체는 '아동을 붙들기 어렵다' '아동의 관심은 오래 잡을 수 없다'라는 부정적인 아동의 이미지를 유포하고 있다.

그렇다면 유아를 양육하는 현장에 있는 사람들의 과제는 무엇인가? 디지털 시대에 태어난 아동을 이해하면서 그 사실과 정면으로 대면하는 것이 아닐까? 아동은 본래 공상세계를 여행하는 힘을 가지고 있고, 그 힘은 시대가 변화해도 권리로서 보장되어야 한다(그 내용이나 질에 대해서는 여기서 언급하지 않는다).

결국 정보화는 무언가를 전달하고자 하는 의사소통을 요구하고, 상대방과 관계를 맺고자 하는 의사소통을 의도하는 수단으로서 발전되어 왔다. 아동과 놀이의 협조자로서 공유할 수 있는 것은 무엇인가? 아동으로부터 시사되는 것은 무엇인가? 아동으로부터 발신된 정보를 여러 가지의 거울에 비추어서 새로운 생활과 문화의 창조적 가능성을 생각하는 것이 지금 요구되고 있다.

3) 도시화 사회와 성장

도시화는 취업이나 생활의 근거지를 도시에 두고 있는 인구가 집중해 가는 과정을 말하는 것이다. 우리나라는 1970년대 이후 고도 경제성장 시기부터 이러한 경향이 진전되었다. 농어촌의 인구 감소는 1차 산업을 쇠퇴하게 하고 자연을 황폐하게 만들었다. 이러한 도시화가 유아의 성장발달에 미치는 영향을 우려하는 사태가 발생되고 있다.

도시화에서 주목되는 문제는 환경호르몬이다. 환경호르몬은 면역조직을 파괴하고 뇌와 신경에 나쁜 영향을 미치면서 생물을 멸종시키는 유해한 화학물질이다.

또한 유아의 생활리듬이나 신체(운동)기능에 대해서도 우려의 소리가 높다. 도시화에 따라 부모의 근무시간이나 취업 형태가 다양해지면서 아동을 밤늦도록 자지 않고 활동하게 하는 야간형 인간으로 만들고, 신체의 성장이나 운동력에서도 저하를 보이게 만들고 있다.

특히 대도시에 있는 아동에게 안심하고 놀 수 있는 장소가 줄어들고 있다는 것은 아동이 신체를 움직이며 활동할 공간이 부족하다는 것을 의미한다. 이는 운동감각을 충분히 발달시킬 수 없게 할 뿐 아니라 바깥에서 에너지를 발산하기 어렵게 만드는 것이다.

인구감소화가 진행되는 농촌과 같은 곳에서는 풍부한 자연과 놀 수 있는 공간이 충분할 것이라 생각할 수 있을 것이다. 그러나 주변에 비슷한 또래의 아동이 줄어들고 실내에서 지내는 경우가 많아져서, 몸과 마음의 건강 및 성장을 해치고 있다.

이런 것들을 고려하면 유아가 자라는 환경의 문제는 여러 곳에 산적해 있다. 인위적으로 아동을 즐겁게 만드는 오락적인 환경은 탐구심이나 호기심에 넘쳐서 놀아야 하는 아동의 놀이하는 힘을 박탈하는 것은 아닐까 우려하게 만든다.

최근에는 유아교육 · 보육 기관에서 아동이나 보호자와 함께 자연을 체험하는 캠프 등의 활동을 하고 있다. 자연과 관계를 맺는 것은 아름다운 마음을 갖는 첫걸음이다. 자신의 생활환경 안에서 무엇이 가능할까를 묻고, '지금'을 중요하게 여기는 것이 다음 세대의 발전에 기여하는 일이 될 것이다. 그것은 유아뿐 아니라 세상을 살아가는 우리 모두가 염두에 두어야 하는 문제다.

2. 유아의 세상에서의 존재방식

1) 잠재적 능력(생명력)을 가진 존재

인간은 '생명력'을 가진 존재로 세상에 태어난다. 또한 잠재적 능력을 가지고서 그것을 꽃피워 가는 존재다. 태어나서 1년이 되기까지 어린 생명은 걷고, 말하고, 생각하는 능력을 획득하여 간다.

1960년대는 유아기의 연구가 매우 활발한 시기였다. 이러한 연구 활동에 의해 유아가 가진 가능성과 그 능력이 조금씩 구체적으로 밝혀지게 되었다. 예를 들어, 언어를 사용할 수 없었던 아기가 생후 6개월경에는 사람의 말소리를 어떤 의미와 연결 지으며 들을 수 있게 된다. 또 최근에는 태아도 어머니 뱃속에서 어머니 음성의 자극을 받고 있으며, 세상으로 나온 후에는 자신이 들어 왔던 모국어와 외국어를 식별할 수 있다는 연구가 나오고 있다.

그렇다면 인간의 발달에서 잠재적 가능성이란 무엇을 의미하는 것인가? 인간은 두 발 보행을 가능하게 하는 발과 다리 근육의 기능을 가지고 태어났다. 그러나 실제로 서서 걸을 수 있게 되는 것은 발과 다리 근육의 발달만으로 이루어지는 것이 아니다. 즉, 그 이상의 것을 요구한다. 두 발로 걸어 다니는 인간사회의 환경이나 '도움을 주는 누군가의 손!'인 주변 사람들의 도움, 그리고 걷고자 하는 아기의 의욕이 있어야 한다.

또한 청각이나 발성기관도 인간사회에서 언어를 듣고 이해하고 사용할 수 있게 하는 중요한 도구가 된다. 그러나 실제로 말을 하게 되는 것은 주위의 사람들로부터의 언어적 자극과, 유아 자신에게서 나오는 '인간과 상호작용하고자 하는' 의욕에서 비롯된다고 할 수 있다.

판츠(Fantz)는 생후 3, 4개월경의 아기들에게 사람 얼굴 그림과 다른 도형패턴을 섞어서 보여 주었을 때 아기들이 사람 얼굴의 그림을 다른 그림보다도 더 오래 주시한다는 것을 밝혀냈다(Fantz, 1961). 이는 인간이 태어나면서 기본적으로 '인간과의 상호작용'을 추구하는 잠재적 능력을 갖추고 있는 것을 의미한다.

유아는 3세경이 되면 자신의 두 발로 자유로이 걸어 다니면서 주변을 살피고, 주변 사람들과의 상호작용을 통해 환경을 감각 운동적으로 적절히 조작하게 된다. 인간은 태어날 때 성인과 같은 수인 140억 개의 뉴런이라고 부르는 뇌세포를 갖고 태어난다. 생후 6개월까지는 급속하게 뇌신경계가 발달하고 신경세포가 자라나게 된다. 그러나 수초라고 부르는 뇌세포 간의 회로는 유아가 스스로 인간사회 속에서 환경과 열심히 접촉하면서 구축해 가야만 하는 것으로 남겨져 있다.

이와 같이 인간은 많은 감추어진 능력을 갖고 태어나서, 생후 여러 해 동안 인간사회라는 환경 속에서 열심히 그러한 능력을 꽃피워 간다. 전 생애를 통한 긴 인간발달의 과정 중 영유아기는 특히 발달이 현저하게 일어나는 극적인 시기라고 말할 수 있다.

2) 환경과 자발적으로 상호작용하는 존재

유아는 신체적으로 주변의 가까운 사람들이나 여러 사물에 대해 자발적으로 상호작용하고자 하는 의도를 가지고 있다. 유아는 자신의 가까이에서 자주 말을 걸어 주는 사람과 그렇지 않는 사람을 구별한다. 그리하여 특별한 접촉이 계속 일어나는 사람과의 '상호관계'를 유지한다. 접촉이 빈번한 사람에게는 미소를 지어 주기도 하고, 두 손을 들어 안아 달라고 요구하기도 하며, 눈에 안 보이는 곳으로 사라지려 하면 울고 뒤따라가는 등의 행동을 보여 준다.

주위의 사물에 대하여서도 활발한 탐색을 시작한다. 사물을 쳐다보면서 손을 내밀고, 스스로 움직일 수 있게 되면 차례차례로 물건을 손에 잡아 입으로 가지고 가면서 세상과 소통하고자 한다. 끈 달린 장난감의 끈을 잡아당기면서 가지고 노는 법도 알게 된다. 아장아장 걸음마를 하던 한 유아가 걷는 도중에 떨어져 있는 낙엽을 주워 어머니에게 보여 주며, '꽃'이라고 알려 주기도 한다. 1세 후반이 되면 자신과 다른 사람과 사물의 삼자 관계에서 상호작용하는 것이 가능해진다.

유아는 자발적으로 환경과 상호작용하면서, 환경으로부터 배우고 그것을 다루어 간다. 이에 따라서 급속한 정신발달을 이루어 가는 것이다.

유아의 이러한 '자기활동'을 중시한 몬테소리(Montessori)는 유아는 내부에 '생명의 계획'을 가지고 있고, 자발적으로 환경과 상호작용하는 것을 통하여 자신의 정신세계를 외부에 드러낸다고 생각하였다. 몬테소리는 유아가 환경에 민감하게 반응하고 사물에 집중하는 현상을 주목하여, 이를 유아의 정신의 '민감기'라고 하였다. 유아는 주변의 세계에 대해서 충만한 흥미와 관심을 가지고 자발적으로 환경에 상호작용을 시작하는 자발적 존재라는 것이다.

3) 자각하지 못하는 유아기

아동기를 지나오지 않은 성인은 없다. 그러나 자신이 그 시기에 무엇을 생각했고, 어떠한 의도에서 행동했던가를 성인이 된 다음에 말할 수 있는 사람은 없다. 어린 시절 자신이 살았던 집안의 풍경, 집 주변의 경치, 가족과 함께했던 단란한 웃음소리, 아버지나 어머니에게 안겼던 때의 따뜻한 감촉 등, 이런 단편적인 기억들은 성인이 되어서도 어떤 계기가 있으면 살아나게 된다. 영유아기의 기억은 주로 시각, 후각, 촉각 등의 감각적인 것이다.

누구에게도 영유아기는 확실히 지나온 시기이지만, 그 시기의 기억은 사진이나 비디오의 장면들처럼 매우 단편적인 것일 가능성이 많다. 영유아기란 시간이 지나가서 기억이 나지 않는 것일 뿐 아니라, 자기의식을 가지고 자각적인 활동을 할 수 있는 시기가 아니다. 따라서 어떤 의도를 가지고 어떤 행동을 했는가를 생각해 낼 수 있는 시기가 아닌 것이다.

좋아하는 친구와 자신을 비교하여 그 친구처럼 운동을 잘할 수 있는 사람이 되고 싶어 한다든지, 다른 사람에게 사랑받는 아이가 되기 위해 계획을 세워 노력하는 등의 자각적인 행동은 9~10세경이 되어야 나타난다. 이와 같이 자기의식이 확립되면 자신이 스스로를 변화시키려 하게 되고, 가능한 범위 내에서 스스로 환경을 선택하는 것도 가능해진다. 그러나 영유아기는 그것이 가능하지 않는 시기다.

3. 유아기의 생애상의 발달적 의미

1) 인간형성의 기초를 만드는 유아기

"세 살 버릇 여든 간다."라는 우리나라 속담이 있듯이, 인격의 중심 부분은 3세 말까지의 자각이 없는 시기에 만들어진다. '유전인가 환경인가'의 고전적인 논의가 아니라도, 이 시기에 이미 사람의 얼굴이 다른 것처럼 다양한 사람들의 개성이나 기질 같은 것의 차이가 드러난다.

이를테면, 열 명의 아기들이 이미 열 가지 색깔의 개성을 갖고 있다는 의미다. 젖을 열심히 잘 빨고 잘 자는 아기, 사람에게 잘 반응하는 아기, 주변의 사람의 움직임에 별로 반응하지 않는 아기 등, 특성상의 다양한 차이가 있다.

3세가 되면, 유치원의 담임교사는 유아 한 사람 한 사람에 대해 자세히 설명할 수 있을 정도로, 유아의 개성이 이미 확실하게 표현되고 있다. 'A는 다른 사람에게 매우 상냥하다. 사람에게 민감하기 때문에 자신을 자제하고 기가 죽는 경향이 있다.' 'B는 관심이 너무 제한적이어서 다른 아이의 일에 무심하다. 자신의 세계에 빠져 있다.' 'C는 자신의 욕구를 바깥에 잘 드러내지 않는다. 자신을 너무 억압시키고 있다.' 'D는 사람에 대해서도, 사물에 대해서도 흥미나 관심이 없고 활동적이지 않다.'라고 말하듯이, 한 사람 한 사람의 개성이 명확히 드러날 수 있는 것이다. 그러한 파악은 교사들 사이에 크게 빗나가지 않는다.

그러나 이처럼 개성이 서로 다르다는 것은 이미 언급한 것처럼, 여든까지 변화하지 않는 것이라고 할 수는 없다. 이 시기에 유아 한 사람 한 사람은 자신의 개성을 드러내면서 부모나 교사와 상호작용하고, 그런 가운데 조금씩 자각적으로 자기를 변혁할 수 있게 된다. 결국은 그러한 타고난 개성에 기초하고, 자기변혁의 노력에 힘입어 한 사람의 인간이 형성되는 것이다.

2) 초기경험이 인생에 미치는 영향

정신병리학자이자 정신분석의 창시자인 프로이트(S. Freud, 1856~1939)는 신경증의 치료를 진행하다가, 신경증의 소인이 유아기 부모자녀관계의 초기경험에 있다고 생각하였다. 프로이트는 유아기에도 성적인 욕망이 존재하고, 이성의 부모에 대한 애착과 동성의 부모에 대한 경쟁심이 무의식 속에 억압되어 있다가(오이디푸스 콤플렉스), 그러한 억압은 이후의 신경증의 원인이 된다고 말하였다. 여기에서의 초기경험은 성적 욕구를 반영하는 부모자녀관계의 경험이다.

동물들과 함께 생활하면서 동물의 생태를 연구했던 로렌츠(K. Lorenz, 1903~1989)는 새끼오리가 어미를 뒤쫓아 다니는 '추종행동'에 관하여 연구하였다. 부화된 지 얼마 안 되는 오리에게 어미오리와 같은 행동을 하는 대상물을 제공하면, 오리가 이러한 대상물을 쫓아다니는 행동을 하는 것을 발견하였다. 로렌츠는 생후 얼마 되지 않은 시기에 나타나는 이러한 종류의 학습을 '각인(emprinting)'이라 하였는데, 이

[그림 1-1] 오리의 각인과 추종행동을 실험 중인 로렌츠

러한 오리의 학습은 부화 후 16시간이 결정적인 것을 알게 되었다 (Lorenz, 1970).

프로이트의 주장과 동물행동학, 동물실험 등의 심리학적 성과를 보편적인 인간에게 바로 적용하여, 초기경험이 이후의 발달에 미치는 영향을 명확히 단정 짓는 것은 문제가 있다고 말할 수 있다. 그렇지만 한 가지 예를 들어, 한 사람(65세)의 유아기 경험이 그의 인생에 미치는 영향에 관하여 생각해 볼 수 있다.

A씨는 7세경에 전쟁을 경험하였다. 그는 태어나서 7세가 될 때까지는 풍요로운 생활을 보내고 있었다. 유아기와 관련하여 남아 있던 기억은 가족의 단란함, 설날에 입었던 새 옷, 한 여름 정원에 피어 있던 꽃 색깔들 등 행복으로 가득 찬 것들이었다.

그러나 전쟁 중 주변의 많은 사람이 죽게되었고 먹을 것이 부족하여 A씨는 영양실조에 걸려 제대로 걸을 수도 없게 되었다. 그런 뒤 A씨는 심각하게 몸이 허약해졌다. 중학생 무렵에는 스스로 자신이 허약하다는 것을 깨닫고 몸을 튼튼하게 하기 위하여 계획을 세워 운동을 열심히 하게 되었고 그 결과 점점 건강해졌다.

그럼에도 불구하고 A씨는 14~19세에 주기적으로 일어나는 심한 불안감으로 고생하였다. 그것은 인생의 초기에 그가 겪었던 전쟁 경험과 어떠한 관계가 있는 것이 아닌가라고 추측해 볼 수 있는 것이다.

사람은 역사적 · 사회적 상황의 한가운데서 여러 가지 초기경험을 갖게 된다. 초기경험이 중요한 것은 의심할 여지가 없지만, 이후의 삶에서 어떤 환경에 노출되어 어떠한 자기변혁을 이루어 가는가에 대해서는 확실히 알려져 있지 않다.

참고문헌

佐伯胖 編(2007).『共感―育ち合う保育のなかで』. ミネルヴ書房.

白川蓉子, 北野幸子, 奥山登美子, 稱壇由子(2004).『育ち會う乳幼兒教育保育』. 有斐閣コンパクト.

全米乳幼兒教育協會 編/白川蓉子, 小田豊監修(2000).『乳幼兒の発達にふさわしい教育実踐― 21世紀の乳幼兒教育プログラマへの挑戦, 誕生から小學校低學年にかけて』. 東洋館出版社.

Berke, E. L. (2006). *Infants and Children.* Needleham Heights, MA: Allyn and Bacon.

Essa, E. L. (2003). *Introduction to Early Childhood Education.* Clifton Park, NY: Thomson/Delmar Learning.

Fantz, R. L. (1961). The Origin of Form Perception. *Scientific American, 204,* pp. 66-72.

Lorentz, K. (1970). *Studiesin Animal and Human Behavior, Vol. 1.*

Spelke, E. S. (1994). Initial Knowledge: Six Suggestions. *Cognition, 50,* 431-445.

Wardle, F. (2003). *Introduction to Early Childhood Education.* Boston, MA: Allyn and Bacon.

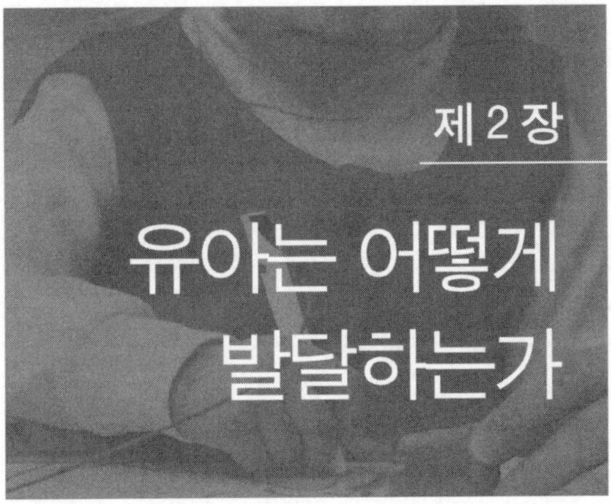

제 2 장

유아는 어떻게 발달하는가

제2장_ 유아는 어떻게 발달하는가

1. 유아의 몸과 마음의 발달

1) 생물학적인 성장과 발달

성장이란 개체의 발육에 따르는 변화, 즉 계열적으로 양적인 증대를 의미하는 경우에 많이 쓰인다. 신체 크기가 커지고 비율이 변화하고 생리적으로 성숙하는 것 등이 포함된다. 한편 발달이란 각각의 신체의 부분이 성장하여 기능이 분화해 가는 과정을 일컫는다. 이는 성장과 매우 유사한 개념으로 때로는 같은 뜻으로 쓰이는 경우도 있다. 그러나 발달은 이와 같은 변화를 양적인 면뿐만 아니라 구조나 기능이 분화 · 복잡화 · 정밀화 · 유능화 · 통합화되어 가는 것을 말하는 경우에 더욱 많이 쓰이는 경향이 있다.

인간의 발달은 어머니의 난자와 아버지의 정자가 만나 수정되는 것부터 시작되고, 자궁 내에서 10개월 동안 성숙한 뒤 세상에 태어나서 평생을 살아가게 된다. 아버지와 어머니로부터 유전자(DNA)를 받아 이를 계승하여 한 생물체로서 아기가 탄생하는 것이다. 유전자에는 생물체의 생명유지를 위한 여러 프로그램들이 조직되어 들어가 있다. 즉, 아기는 세상에 태어나서 성장하고 발달하여 성인이 되어 가는 과정에서, 필요한 시기에 필요한 프로그램이 작동하도록 미리 계획되어 있다. 얼굴의 형태나 체형이 부모의 누군가와 비슷하게 닮아 가는 것은 결국 이런 DNA에 의한 것이다.

성장 · 발달에는 다음과 같은 다섯 가지의 원칙이 있다. 순서성, 방향성, 속도의 다양성, 민감기(임계기)의 존재, 그리고 환경과의 상호작용이다.

첫째는 순서성으로, 발달에는 순서가 있다는 점이다. 유전자에 의해서 미리 결정되어 있는 세포분열이 순서를 따라서 진행되면서 신체전체가 형성되어 가는 것을 의미한다. 운동발달의 측면에서 이야기해 본다면, 아기가 먼저 머리를 가누게 되고, 그런 다음 뒤집고, 앉을 수 있게 된 다음 기어 다닌다. 그 후 잡고 걸을 수 있다가 혼자 걷게 되는 순서성이 대부분의 유아에게서 확인된다.

둘째는 방향성으로, 인간의 발달은 정해진 방향으로 이루어진다는 점이다. 신체발달의 경우를 든다면, 머리로부터 꼬리부로, 중심부에서 말단부로 이르는 방향성이다. 머리를 가누면, 척추를 가누고, 그런 다음 다리가 튼튼해져서 걷기 시작하게 되는 것도 머리에서 꼬리로, 중심부에서 말단부로 진행되는 방향성이다. 운동 전체 측면에서는 대근육 운동부터 미세 운동으로 목적을 갖고 분화해 가는 것을 말한다.

셋째는 속도의 다양성으로, 사람마다 성장 · 발달 속도가 다양하게 나타난다는 점이다. 즉, 성장 · 발달이 항상 연속성을 갖고 진행되어 가지만 그 속도는 일정하지 않고, 연령이나 신체의 부분에 따라 다른 것을 의미한다.

넷째는 민감기(임계기)로, 여러 성장 · 발달 과정에는 결정적인 시기가 있는데, 그 시기에 어떤 요인이 작용하면 감수성이 높아지고 정상적인 성장 · 발달이 이루어진다는 점이다. 예를 들면, 뇌의 성숙 과정에서는 유아기가 민감기이고, 인간발달의 기초가 되는 운동, 인지, 정서의 발달 측면에서도 유아기는 아주 중요한 시기라고 말할 수 있다.

다섯째는 환경과의 상호작용으로, 인간은 발달과정에서 환경과 끊임없이 상호작용한다는 점이다. 유아기는 탄생의 순간부터 외부세계로부터 자극을 받고 프로그램화되어 있는 체계가 작동하기 시작한다. 이런 체계가 여러 반응을 이끌어 내고 외부세계를 탐색하게 된다. 그 결과, 새로운 발달이 시작된다. 결국 환경과 유아가 상호 간에 영향을 주고받으면서 발육해 가는 것이다. 인간관계에서는 유아기 때 어머니와의 상호작용이 무엇보다도 중요하다고 알려져 있다.

아기는 태어나는 순간부터 한 사람의 인간으로서 살아가는 존재다. 그러나 유아기는 자신의 능력만으로는 살아갈 수 없다. 유아가 살아가기 위해서는 처음에는 누군가에게 모든 것을 의존하면서 성장 · 발달해 간다. 그런 점에서 초기발달 과정에서의 환경요인이 특히 중요한 것이다.

2) 신체적 성장

영아기의 특징은 성장 · 발달이 연속하여 활발하게 일어나고 있다는 것이다. 영아는 성인을 축소시켜 놓은 형태가 아니라 성장 · 발달의 단계에서 나름대로 독특한 특성을 갖고 있다. 신장, 체중뿐 아니라 체형의 비율도 크게 변화한다.

유아의 머리와 몸의 비율은 연령에 따라 달라진다. 출생 시에는 신장이 약 50cm이고 1년 후에는 1.5배로 되어 약 75cm가 된다. 2년이 되면 85cm 정도까지 자라 성인키의 반이 된다. 영아기의 성장속도는 일생 중 가장 빠르다가, 유아기가 되면 다소 느려진다.

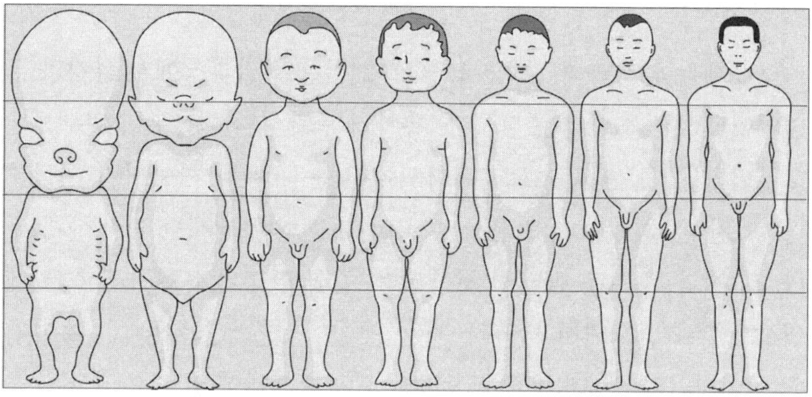

[그림 2-1] 신체 각 부위의 비율 변화

체중은 출생 시 약 3.2kg 정도이지만 생후 3~4개월에 출생체중의 2배가 되고, 약 1세에 3배가 된다. 2년이 되면 11~12kg으로 성인의 1/5 내지 1/6이 된다. 출생 시의 머리 크기는 성인이 전체 키의 1/8정도라면 신생아는 1/4의 비율 정도 된다. 그리고 머리둘레도 신생아기에는 가슴둘레보다 약간 큰데, 생후 6개월쯤 되면 머리둘레와 가슴둘레는 비슷해진다. 그러다가 생후 1년 정도가 되면 비로소 가슴둘레가 머리둘레보다 커진다. 얼굴도 처음에는 눈 위 부분이 눈 아래보다 크다가 점차 턱 부분이 발달되어 균형을 이루게 된다.

3) 신경계의 발달

신경계는 생명 전체를 담당하고 있다. 심장이 멎는 순간을 죽음이라고 생각하는 개념과는 별도로 뇌사라는 개념을 사용하는 것은 바로 이런 이유에서다. 성인의 뇌중량은 약 1,300g 정도이지만, 출생 시에는 400g밖에 되지 않는다. 그러나 생후 6개월이 되면 2배가 되고, 3세경에는 3배, 5세가 되면 성인의 뇌중량과 비슷한 정도까지 증가한다. 뇌의 민감기가 유아기라고 말하는 것은 이런 이유 때문인 것이다.

인간의 발달은 여러 가지 신경기능의 발달, 즉 신경세포의 발달과 밀접한 관계가 있다. 신경세포는 수상돌기와 축색돌기로 이루어져 있고, 그 수가 증가하여 다른 신경세포와 결합해 가면서 발달한다. 이것을 뉴런의 네트워크 형성이라 한다. 신경세포들의 결합 부위를 시냅스라 하고, 시냅스의 연결을 통하여 여러 가지 자극을 전달하고 있다. 네트워크의 형성이 진행되면 신경활동도 발달하여 보다 고도의 활동이 가능하게 된다.

그리고 신경세포의 축색돌기의 주위에 수초라 하는 초가 형성되는 현상이 일어나는데, 이것을 수초화라 부른다. 이것에 의해 정보의 전달속도가 가속화된다. 수초화는 유아의 발달과 일치하여 진행되어 간다. 생후 9개월 이후가 되면 대뇌피질에까지 수초화가 진행되고 이런 수초화는 15세경까지 지속된다. 이와 같이 신경계의 발달이 유아의 발달과 깊은 관계가 있기 때문에, 3~5세의 신경계의 발달은 특히 중요한 것이란 점을 이해할 수 있다.

한참 왕성하게 발육하는 과정에 있는 신경계에 필요한 최선의 교육이란 어떤 것일까? 그것은 결국 오감의 전부를 자극할 수 있는 교

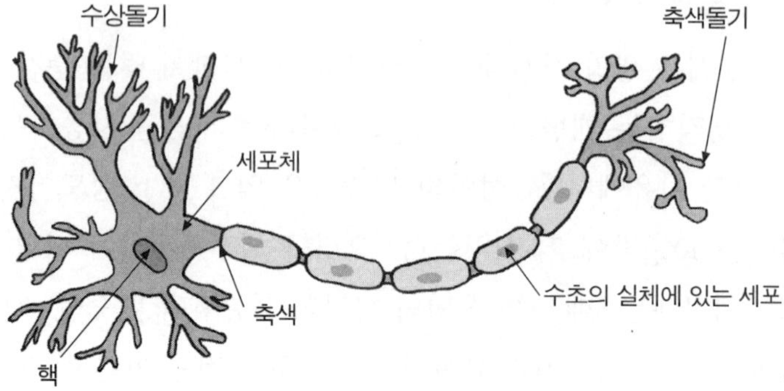

[그림 2-2] 수초를 가진 신경세포(뉴런)

육이다. 유아기의 교육은 모든 감각기를 최대한 자극하고 그것을 사용하도록 하는 것이 매우 중요하다. 유아는 놀이를 통해 감각기가 자극받고 뇌의 발달이 촉진된다. 결국 유아기에는 놀이가 무엇보다도 중요한 것이다. 유아는 '놀면서 배우기'를 하는 것이다.

4) 뇌의 기능과 발달

인간의 발달을 뇌의 구조적 차원에서 설명해 보자. 뇌는 외계의 자극을 받아들이는 입력과, 외계에 반응을 나타내는 출력의 사이에서 통합기능을 하는 기관으로 이해될 수 있다. 입력은 신체의 오감(시각, 청각, 촉각, 미각, 후각)을 통하여 이루어지고, 출력은 근육을 사용하여 이루어진다. 뇌는 신체 각 부위의 근육에게 명령을 보낸다. 입을 사용하여 말하고, 손을 사용하여 글을 쓰고, 전신의 근육을 사용하여 운동하고, 안면근육을 사용하여 표정이 나타나게 된다.

입력부터 출력에 이르기까지의 뇌 내에서의 과정은 인지, 감정(정서), 기억, 사고, 행위라고 하는 과정이 존재한다. 오감을 통하여 외계를 인지하고, 동시에 감정이 일어나고, 자신의 실제 체험에 기초하여 기억했던 것을 조명하여 사고하고, 행동으로서 외계에 반응한다. 그런 여러 과정을 맡은 뇌의 부위에 대해 최근에 놀라울 정도의 속도로 뇌과학 연구가 진행되어 많은 것들이 설명될 수 있게 되었다.

뇌는 여러 기능이 수시로 이루어지는 출력에 해당하는 행동을 자신의 내부에 입력해 둔다. 실제 체험했던 것은 일시적으로 단기간 뇌 안에 남아 있다가, 시간이 경과하면 장기기억으로서 뇌에 남겨진다. 기억능력, 운동능력, 사고능력, 인지능력 등은 개인차가 있지만, 실제 체험과 학습에 따라서 성인이 되어 개인적 특징으로서 채색되어 간다. 유아가 놀랄 정도로 기억력을 보여 주는 것은 인지기능과 단기기억, 행동으로서 출력하는 뉴런의 발달이 미숙하여 그의 전달회로가 비교적 반응하기 쉽기 때문이라고 말할 수 있다. 그러나 유아는 실제 체험이 풍부하지 못하고 자신의 기억도 제한되어 있으며, 인지기능, 정서발달, 사고능력, 행동도 미숙하다.

2. 어머니와 유아의 관계를 통한 발달

1) 어머니-유아의 상호작용

임신 기간의 후반이 되면 어머니는 태아의 태동을 느낄 수 있게 된다. 아이가 태어난 이후에는 애정이 담긴 스킨십을 통하여 아기를 양육한다. 아기도 어머니의 그런 애정적인 행동에 반응하면서 서로 간에 애정과 애착을 키워 간다. 이와 같이 어머니와 아기가 상호 간의 행동에 반응하는 것을 '모자상호작용(mother-infant interaction)'이라 부른다.

발달의 원칙에서도 언급했던 것처럼 외부로부터 들어오는 자극에 대하여 유아가 반응해 가면서 발달은 촉진된다. 특히 출생 후에는 어머니의 자극에 반응한다. 출생 이전부터 어머니 뱃속에서 반응하는 것을 배우던 유아는 태내에 있는 동안 친숙해진 자극에서 시작하여 다양한 반응을 하게 된다.

유아는 오감을 전부 사용하면서 상호작용하고 반응한다. 시각(눈)으로 어머니와 서로 눈 맞추기를 하고, 청각(귀)으로 어머니의 언어 자극을 파악하고, 어머니가 젖을 먹이면서 안아 줄 때 촉각(피부)으로 어머니의 감촉을 느끼고, 모유를 먹으면서(미각) 어머니의 냄새를 느낀다(후각). 그리고 이 모든 것에 대해 반응하는 것이다.

유아와 어머니의 수유 장면을 관찰해 보면, 어머니는 유아를 부드럽게 안고 아기의 눈을 보면서 말을 걸고 있다. 유아는 영양이 풍부한 모유를 먹으면서 어머니의 시선을 느끼고, 소리를 듣고, 따뜻하게 안겨서 어머니의 냄새를 온몸으로 느낀다. 한편 어머니에게서 일어나는 반응을 보면, 아기가 모유를 빨면 어머니 몸속에 프로락틴(prolactin)이라고 하는 호르몬이 젖샘에서 젖을 분비하도록 촉진하여 모유 분비가 촉진되는 반응이 일어난다. 이와 같은 상호작용이 이루어지면서 아기는 건강하게 양육된다.

2) 유아와 어머니의 관계에 대한 말러의 이론

태어난 지 얼마 안 되는 유아는 태내에서 10개월간 들었던 어머니의 심장 소리를 기억하고 있다. 최근 초음파 검사를 통하여 태아의 상황이 관찰 가능하게 되면서 태내에서도 소리나 빛에 대하여 반응할 수 있는 것을 알 수 있게 되었다. 자궁 내에서 손가락을 움직인다든지 격렬한 음악을 들으면 태아도 움직임이 격렬해진다는 것이 관찰되고 있다. 태교가 중요하다고 하는 근거는 바로 여기에 있다.

유아가 어머니 품에 안겨 젖을 먹고 눈을 맞추고 무언가 소리를 내어 상호교류하는 것은 유아가 최초로 체험하는 인간관계다. 유아는 눈앞의 사람이 자신의 어머니라고 이해하고 있다. 어머니와 유아가 서로 바라보는 때 유아는 어머니의 모습에서 자신을 사랑하는 어머니의 이미지와, 어머니를 행복하게 하는 자기 이미지를 발견한다. 그럼으로써 자기신뢰감과 자아존중감이 커간다. 이런 관계가 바로 주체적인 자기와 객관적 자기의 존재에 대한 인식을 형성해 가는 원시적인 출발점이다.

여기서 말러(M. Mahler, 1897~1985)의 분리개체화 이론(separation-individuation theory of child development)을 살펴보기로 하자.

말러는, 유아가 어머니와의 관계로부터 사회성을 키워 가는 과정을 분리개체이론으로 정리하였다(Maller, 1975). 신생아기부터 자기와 타자, 세계와의 구별이 확립되기까지의 시기를 자폐기, 공생기, 분리개체기라는 3기로 나누고, 그중 분리개체기를 다시 이행기, 연습기, 재접근기로 구별하였다.

첫째, 자폐기(normal autistic phase)는 신생아기를 의미하고, 자신과 어머니와의 구별이 이루어지지 않는 시기다. 어머니와 아기는 일체감을 유지하고, 어머니는 자신의 감정이나 생각을 아기에게 투사해 가면서 안거나 말을 걸고 젖을 먹이면서 관계를 맺어간다.

둘째, 공생기(normal symbiotic phase)는 생후 5개월경까지를 일컫고, 유아가 자신의 욕구를 충족하는 관계의 시기다. 유아는 생명을 유지하기 위하여 필요한 것을 어머니로부터 전부 받을 수 있다. 생명을 유지하는 데 방해가 되는 막연한 불안(공복이나 배설 불쾌)은 어머니에 의해 해소된다. 어머니는 일심동체라는 감각체험을 가지면서 유아를 양육한다. 한편 유아기는 어머니의 미소나 언어에 반응하면서 자신과 타인과의 안정된 관계를 만들어 가는 시기다. 어머니를 심리적, 신체적 안전기지의 원천으로 삼고 이를 확인하는 시기다.

셋째, 분리개체기(separation-individuation phase)다. 그중 이행기(hatching)는 생후 10개월경까지의 시기다. 신뢰하고 안심할 수 있는 어머니의 얼굴을 기억하고 타인과의 구별이 가능하게 된다. 발달의 과정으로서 '사람 알아보기'가 시작된다. 신체적으로는 기어다닐 수 있게 되고 혼자 이동이 가능하다. 부모에 대한 의존도가 낮아지면서 여러 가지 일들에 관심을 갖고, 유아의 세계가 넓어져 간다. '까꿍놀이' 등을 즐기고, 어머니와의 사이에 약간의 거리가 생기고 스스로 그런 거리를 만들 수 있게 된다.

그리고 분리개체기중 연습기(practicing)는 9~16개월경의 시기를 말한다. 보행이 가능하게 되고 어머니에 대한 욕구보다도 주위의 세계에 대한 탐구심이 증가한다. 어머니와 떨어져 있어도 혼자서 놀이하게 된다. 혼자 놀이를 통해 어머니로부터 분리되고 개체화해 가는 연습 시기다. 아직 자기와 타자와의 분화는 미숙하기 때문에 놀이하고 있는 장난감을 갖고 있는 것으로 만족하지 못하고 다른 장난감에도 관심을 기울이는 시기다.

또한 분리개체기중 재접근기(reapproching)는 15~20개월경의 시기다. 보행이 안정되고 자유롭게 혼자 걸을 수 있게 되기 때문에 주변의 세계가 점점 더 넓어져 간다. 탐구심이 왕성해지고, 언어로 자신을 표현하는 것이 가능해지고, 자기주장을 한다든지 마음에 들지 않는 때에는 떼를 부리게 된다. 자아가 발달하는 것과 역으로 불안이라는 감정도 생겨, 어머니에게 매달리는 행동을 자주 하게 된다. 아동은 자신의 존재가 서서히 개체화되어 가는 것을 자각하는 것과 함께, 그때까지 의존하고 있던 어머니의 존재를 잃지 않을까 하는 위기감에 사로잡힌다. 그렇게 되면 어머니를 의존 대상으로 삼고 애정과 승인을 계속적으로 요구하는 강렬한 반응을 보인다.

이 시기는 어머니에 대한 '의존과 독립의 갈등시기'다. 제멋대로 행동하는 것과 강렬한 애착행동을 함께 보여 주기 때문에 어머니로서는 대응이 어려운 시기이기도 하다. 친구에게 장난감을 양보하지 않고 짜증을 내거나, 분리불안으로 짜증을 부리기도 한다. 어머니는 아동에게 포위되어 있다고 느껴지게 되는 시기다. 부모로서의 발달과정의 시련기다. 어머니는 아동이 달라붙는 것을 받아주면서, 스스로 아동과의 거리를 두어야 하고, 그럼으로써 상호 간에 인간관계를 배워 가는 것이다. 접근하는 것도 아니고 회피도 하지 않으면서 서로가 안정된 거리를 두게 된다면, 그 후의 대인관계가 원활히 발달하고 아동도 자연스럽게 부모로부터 떨어질 수 있게 된다.

말러의 분리개체화 이론은 사춘기의 아동이 부모로부터 심리적으로 분리 독립하고 자기동일성을 획득하는 시기의 반응과정과도 유사하므로, 비슷한 모양으로 해석할 수 있다.

3) 유아의 개성-기질의 개인차

얼굴이나 형태가 제각기 다른 것 같이 유아도 나름대로 개인의 생득적인 차이가 존재한다. 운동에 자신 있는 유아, 음악에 자신 있는 유아, 그림 그리기가 자신 있는 유아가 있는 것 같이 원래 가지고 태어난 개인의 차이가 있다. 아기라도 우는 소리가 힘찬 경우와 소리 없이 우는 경우가 있고, 계속 칭얼거리면서 울음이 오래 지속되는 아기와 얼러 주면 금방 그치고 바로 진정하는 아기도 있다. 이처럼 아기에게도 개성이 있다.

토머스와 체스(Thomas & Chess, 1956)는 뉴욕종단연구에서 영아 141명을 대상으로 기질에 대한 선구적인 연구를 실행하였다. 그들은 '인간의 조기에 나타나는 체질에 근거한 행동경향으로, 외부에 반응하는 일제의 행동 패턴'을 '기질'이라고 정의하였다. 이러한 기질은 여러 가지로 다양하게 반응하는 아동과 양육자 간의 적합성이나 아동과 부모와의 애착형성, 인간관계의 발달에도 관계가 있는 것으로 이해된다. 뿐만 아니라 영아들은 각자의 특성에 맞는 나름대로의 양육을 요구한다고 한다.

기질을 결정짓는 카테고리는 다음과 같이 아홉 가지 항목으로 나뉜다. ① 활동성, ② 규칙성, ③ 접근/회피, ④ 적응성, ⑤ 반응의 강도, ⑥ 기분, ⑦ 지구력, ⑧ 주의산만성, ⑨ 반응의 역치(사람이 감각할 수 있는 자극의 최소량, 영아의 반응을 유발하는 데 필요한 자극의 최소량 등을 규정하는 수치)다.

이러한 9항목에 의해 아동의 기질 유형을 ① 순한 기질의 아동(외계에 길들여지기 쉬운 아이=양육자 기준으로 다루기 쉬운 아이), ② 까다로운 기질의 아동(외계에 길들여지기 어려운 아이=양육자 기준으로 다루기 어려운 아이), ③ 반응이 느린 기질의 아동(천천히 일으켜 세워지는 아이=양육자 기준으로 기다려 주지 않으면 안 되는 아이), ④ 기타 등으로 구분한다.

일반적으로는 아동의 40%가 쉬운 기질의 아동이고, 까다로운 기질의 아동은 10%를 넘지 않고, 반응이 느린 기질의 아동은 15%를 차지한다. 양육자가 아동의 기질을 알아두고 적절히 대응할 수 있

〈표 2-1〉 토머스와 체스에 의한 유아의 기질 유형

순한 기질	40%	잠을 잘 자고, 혼자 잘 놀며 규칙적인 생물학적 시간에 따라 수유와 수면이 이루어진다. 낯선 사람에게도 미소를 보이며 새로운 생활습관에 쉽게 적응하며 좌절에 순응한다.
까다로운 기질	10%	잘 울고 생물학적 기능이 불규칙하다. 불행해 보이고 적대적이며 조그만 좌절에도 강한 반응을 보이며, 새로운 사람이나 상황에 적응하는 데 시간이 많이 걸린다.
느린 기질	15%	수동적이고 새로운 상황에 대해 움츠러드는 경향이 있다.
기 타	35%	

다면 아동과의 관계가 나빠지는 경우가 적어진다. 특히 까다로운 기질의 아동들은 가족이나 보육자의 끊임없는 인내와 보호를 필요로 한다.

그러나 원래 까다로운 기질의 아동인 것을 인식하지 못하는 경우에는 다루기 힘든 어려운 아동으로 이해하여 부정적인 감정을 가지게 되고, 양육자 자신은 스스로 육아능력이 없는 것으로 느껴서 좌절감에 빠질 수 있다. 유아교육 · 보육 기관에서도 아동의 기질을 인식하면서 대응하는 것은 아동과의 상호작용 형성에 매우 중요하다.

3. 놀이의 발달적 의미

인간은 아기부터 성인에 이르기까지 놀이를 하는 존재다. 그러나 아동의 놀이와 성인의 놀이는 그 성격에서 크게 다르다. 아동에게 놀이는 '사는 것' 그 자체라고 말할 수 있으나, 성인의 놀이는 현실생활과는 별도의 '기분전환' '오락' '휴양, 레크리에이션'인 경우가 많다. 아동의 '놀이'에는 아동의 발달과 관련된 중요한 의미가 담겨 있다.

1) 근대의 '아동'과 '놀이'의 발견

근대는 '아동기'를 발견하여 아동과 성인의 사이에 명확한 경계선을 그을 수 있게 된 시대였다. 프랑스의 역사사회학자 아리에스(P. Aries, 1914~1984)는 '앙시앙 레짐기의 아동과 가족생활'(1960)에서, 유럽 중세에 아동은 '작은 성인'으로 바로 성인 사회에 진입하였으나, 17세기 이후는 학교와 가족을 통하여 오래 교육받는 존재가 되었다고 지적하였다. 아동은 순수하고 무구한 존재로 애정을 주지 않으면 안 된다는 사고방식도 17세기 근대의 산물이라고 말할 수 있다. 이 시기부터 미술도 아동을 주제로 그리기 시작하였고, 아동기의 발견은 생물학적이기보다 사회적인 것이라고 지적하였다.

근대는 '아동'을 발견한 동시에 아동의 '놀이'를 발견하였다고 할 수 있는 시기이기도 하다. 아동과 놀이를 강하게 결속시키는 새로운 시대가 열린 것이다.

[그림 2-3] 자크 로랑 아가스의 '놀이터'(1830)

2) 교육적인 놀이의 등장

근대에 이르러 '아동'과 '놀이'를 연결하기 시작하게 되면서, '아동 놀이'에 대해 그 의미나 가치를 묻는 교육적인 관심이 증가하게 되었다. 차츰 '아동'은 교육받아야 하는 존재가 되었고 따라서 아동의 '놀이'에 대한 교육적인 효과가 중요하게 논의되었다. 놀잇감이란 본래의 의미에서는 '갖고 노는 것'으로서, 놀이하는 사람을 유인할 생각으로 다루어지는 것이었다. 그런 놀이도구인 장난감이나 읽을 것들, 놀이의 내용이나 방법, 놀이의 시간이나 장소가 아동 교육에 어떤 의미나 가치가 있는 것인가를 기준으로 선택되게 되었다.

유아교육이나 아동에 대한 연구는 '놀이'의 교육적 의미를 확장시켰고 '놀이'를 통하여 유아의 학습이나 발달을 이루어 나간다고 하는 생각을 보급시켰다.

1840년에 독일에서 유치원을 창설한 프뢰벨(Froebel, 1782~1852)은 '은물'이라는 교육용 놀잇감을 발명하였다. '은물'을 통하여 놀이하면서 감각적으로 지적인 활동을 유도하고 유아에게 신의 존재를 가르치려고 하였다.

1880년대의 미국에서 홀(C. Hull, 1884~1952)이 시작한 아동연구는 20세기 초의 유아교육 개혁운동에서, 놀이를 중심으로 하는 교육방법과 내용에 대하여 과학적인 근거를 부여하는 역할을 담당하였다.

오늘날에는 '놀이'에서 교육적 의의를 요구하는 것이 너무나 당연한 것이 되었다. 그러나 성인이 생각하고 있는 교육 목적에 제한하여 놀이의 의의를 논의하는 경우가 많은 것 또한 사실이다. 즉, 수단적인 기능이나 가치, 중요성으로서만 놀이의 의의가 제한되는 것이다. 실제로 아동들은 성인의 생각이나 의견과는 달리 자신들만의 놀잇감에 접하기를 원하고, 그런 것에 매료되는 것은 아닐까? 자신만의 이미지를 가지고 자유로운 장난에 열중하고 싶어 하고 있는 것은 아닐까?

다음에서는 다시 '놀이'의 본래의 의미로 돌아가서 놀이와 학습을 생각하는 실마리를 발견해 보고자 한다.

3) 유아의 놀이 활동의 본래 의미

아동 놀이의 본질을 다른 활동과의 차이점에서 본다면 다음과 같다. 놀이는 ① 타인으로부터 강요받지 않는 자유로운 활동, ② 자발적인 활동, ③ 활동 자체에 목적이 있어 상벌을 필요로 하지 않고, 내발적 동기에 따르는 활동, ④ 아동 자신의 흥미나 관심에 기초를 둔 활동이라고 말할 수 있다.

그렇다면 아기의 놀이는 어떻게 설명할 수 있을까? 아기가 배가 고프고 젖을 먹고 싶어서 울고 있을 때는 아기가 놀고 있다고는 말할 수 없다. 배가 부르고 충분히 자고 난 이후에 아기는 침대 끝에 매달린 장난감을 눈으로 쫓으며 손을 뻗치고 흔들기도 하고, 손가락으로 바라보는 방향을 가리키기도 한다. 아기는 생존을 위한 생리적 욕구로부터 해방되면, 흥미와 관심에 따라 활동하고 '놀이'를 시작한다.

피아제(Piaget)에 따르면, 놀이는 '동화'가 우위인 활동이다. 아기는 자신의 마음의 도식(스키마)을 가지고 외부 세계에 작용을 하고 있는 것이다.

공원의 모래 놀이터에서 장난감 벽돌을 진열하고 있는 5세 아동은, 자신의 옆으로 벽돌을 하나씩 차례차례 옮겨 가면서, 열 개 스무 개를 나란히 진열해 간다. 아무도 칭찬하지 않는데도, '진열된 형태를 만드는 것 자체'를 즐기면서 묵묵히 계속한다. 이와 같은 놀이 활동을 통하여 유아는 무언가를 배우고 있는 것이다.

4) 아기들도 놀이로부터 배운다

프뢰벨은 아기를 위한 교구를 다양하게 고안하였는데, 그중 하나가 선명한 여섯 가지 색의 줄이 달린 털실 공이다. 아름다운 색, 동그란 모양, 굴러다니는 움직임이 아기의 흥미와 관심을 끌어낸다. 놀이 방법은, '공을 내려뜨려 빙글빙글 돌리기' '굴러가는 공을 따라가기' '잡고 연결시켜 보기' '던진 공의 행방을 보면서 따라가기' '공을 작은 새나 고양이에게 보여 주기' 등이 있다.

다음에는 세계 모든 나라에서 보편적으로 놀이하고 있는 '까꿍 놀이(peek-a-boo)'에 관하여 생각해 보자. 놀이 방법은 아기가 좋아하는 아버지, 어머니의 얼굴을 손으로 가려 볼 수 없게 만들었다가 잠시 후 '얏!'하면서 손을 치우면 얼굴이 나타나게 하는 것이다. 아기는 매우 즐거워한다. 또 아기가 좋아하는 장난감(작은 곰 인형 등)에 보자기(냅킨이나 타월 등)를 씌운다. 그러면 아기는 보자기를 손으로 잡아채고 장난감을 발견한다. "여기 있네."라고 교사가 함께 나타나서 기뻐하는 소리를 지른다. 어린이집에서는 놀이실에 늘어뜨려진 창문의 커튼을 사이에 두고, 1~2세의 유아가 까꿍놀이를 하면서 장난하는 모습을 자주 볼 수 있다.

아기는 이와 같은 놀이를 통하여 피아제의 '대상의 영속성'을 학습하고 있다고 생각할 수 있다. 아기는 구르는 공이 사라지고 보이지 않게 된다는 것을 놀이를 통하여 경험한다. 사물이 눈에 보이지 않게 되어도 이 세상에 계속 존재하고 있다는 것을 놀이를 통한 체험으로 배우는 것이다. 게다가 더 중요한 것은 줄을 단 공을 잡아당기면, 숨었던 장난감이 다시 나타난다는 사실을 놀이를 통하여 경험한다. 모두 웃으며 기뻐할 때 아기와 함께 놀이하는 성인과 아기 간에 강한 심리적 유대가 생기게 된다. 이때 성인도 아기와 함께 놀면서 그 시간을 진정으로 즐기는 것이 대단히 중요하다.

5) 놀이의 다양한 기능

놀이이론의 고전 『호모루덴스(*Homo Ludens*)』(1938)를 지은 호이징가(Huizinga, 1872~1945)는 기존의 심리학 등의 연구가 지나치게 놀이의 한 측면에만 관심을 기울이고 있다고 비판하였다. 즉, 잉여의 발산이나 모방, 자기통제의 훈련 같은 목적으로 놀이가 기능한다고 하는 기존의 놀이에 대한 사고방식을 따르지 않았다.

호이징가는 인간사회에서 고유하고 우수한 활동 일체에는 처음부터 놀이적 요소가 들어가 있다는 것을 발견하였다. 그에 따르면, 문화는 최초의 단계에서는 놀이의 성격을 갖고 있었고, 의례, 법률, 시문, 예술, 기술, 지식 및 학문도 모두 놀이로서 발전했다는 것이다.

문화를 성립시키는 것으로서 놀이에 주목하는 호이징가의 견해는 매우 흥미로운 것이다. 호이징가에 따르면, 외부의 목적에 구애되지 않는 자발적 창조적인 놀이야말로 사람이 살아가는 것과 관계되는 근본적인 것이었다.

놀이는 세계와 타자와 자기를 연결시키는 하나의 가능성으로서도 기능한다. 놀이가 의미를 만들어 내는 것이라는 예를 들어 보자. 아동의 판타지(상상에 의한 이야기)는 간단한 공상이 아니라는 것을 알게 된다. 판타지는 아동이 현실의 문제를 해결하기 위하여 대상의 세계를 새롭게 만들어 가는 것으로 생각될 수 있다. 판타지에서 인간과 동물, 아동과 성인, 자연과 인공, 자신과 세계라고 하는 세상을 구분하는 분명한 카테고리는 무효가 된다. 아동은 판타지를 이야기하면서 어떤 사물을 나름대로 구성하고, 과학적으로 대상을 탐구하고, 문학적으로 해석하고, 또래나 교사와 관계를 구축한다고 말할 수 있다.

또한 놀이는 아동의 의사소통을 구성하고, 그런 가운데서 아동이 자신을 변화시키고 적응해 가는 것처럼 보인다.

여기서 소꿉놀이를 예로 들어보자. 아동이 또래와 소꿉놀이를 하고 있을 때, 그 장면에는 놀이를 성립하고 전개시키는 공통의 이해나 문맥이 존재하고 있다. 유아들이 진달래꽃의 즙을 짜서 주스 가게놀이를 하고 있다. 유아들 가운데 한 아이가 '주스가 아니기 때문에 나는 마시지 않아!'라고 거부한다면, 그 주스 가게 놀이의 조직은 크게 동요할 것이다. 주스 가게 놀이를 계속하기 위해서 아동들은 또래와 해결의 방법을 찾아야 하고, 지금까지의 놀이의 규칙을 변화시켜(이를 테면 아무게네 주스 가게는 동물이 먹는 것으로 하는 등), 이전에는 상상할 수 없었던 새로운 주스 가게의 세계를 창조해 낼 것이다.

놀이에서 서로 간에 의사 소통이 잘 안 되거나 해석하는 방법이 맞지 않는 문제가 생기면 놀이는 불안정해진다. 이때 아동들은 자신의 감정이나 의식이나 사고를 수정하여, 그들 나름의 새로운 활동 세계를 다시 만들어 간다. 아동들은 무수한 의사소통 조합의 놀이 속에서 자신의 한 가지 방법을 고집하지 않고 새로운 방법을 끊임없이 만들어 가는 과정을 경험하고 있는 것이다.

'놀이를 통한 학습'을 생각한다는 것은 놀이를 학습이나 교육에 종속시켜 교육의 목적을 달성하고자 하는 하나의 수단으로 삼는 것을 의미하는 것이 아니다. '놀이를 통한 배우기'는 아동의 구체적인 놀이가 어떠한 인지적 · 사회적 · 윤리적 실천에 연결될 가능성을 갖고 있는가를 통찰하고 탐구하는 것이라고 말할 수 있지 않을까?

6) 유아의 놀이와 학습

프뢰벨은 오늘날의 블록놀이의 원형을 만들었다. 프뢰벨이 유치원에서 실천했던 것처럼, 블록으로 '테이블'이나 '의자'를 만든다거나 산책 중에 발견한 '동상'이나 '다리' 등을 만드는 것은 유아에게 학습을 불러일으키는 것이다. 유아는 자신이 보았던 것을 그림으로 그리거나 접거나 자른 종이를 붙여서 작품을 만드는 등의 활동을 한다.

유아는 보았던 것이나 경험했던 것이 마음에 떠오르면 여러 가지 수단으로 표현한다. 블록놀이는 블록이라고 하는 반구상 물건으로 '집'이나 '문'과 같은 실물을 재현한다. 프뢰벨의 블록으로 놀이하면서 5세 유아가 '창문이 있는 고층맨션'을 만들었다. 그 아이는 "우리는 5층 여기에, 친구는 여기에 살고 있어요."라고 말을 걸어온다. 여기서 유아는 표상(represent) 기능을 발동시키는 것이다.

여기서 언급한 블록놀이는 유아기의 풍부한 놀이의 한 예에 지나지 않는다. 유치원이나 어린이집에서는 유아들이 실제로 여러 가지 놀이를 하고 있다. 대형 블록을 쌓아서 '집'을 만들거나, 정원의 화초나 못 쓰는 냄비를 사용하여 '식당' 놀이를 하거나, 다양한 그릇을 이용하여 소꿉놀이를 하기도 한다. 모래 놀이터에서는 '강과 댐 만들기' '경단 알 만들기' '모래로 밥 짓기'를 하는 등 놀이의 종류는 끝이 없다.

이러한 놀이에서 유아들은 환경과 상호작용하고, 대상물을 변화시키고, 결과를 관찰하고, 또한 사물을 재현하고, 상상력을 동원하고, 결과로서의 사물이나 사상의 본질을 배우고 있는 것이다.

이외에도 바깥놀이에서 하는 축구, 뒷동산 오르기, 철봉놀이와 사다리 타기 등 신체운동의 발달과 관련된 놀이도 있다. 결국 유아들이 깨어 있는 시간의 80~90%는 놀이에 사용된다. 유아는 놀이를 통하여 배우고, 심신의 발달을 쌓아가고 있는 것이다.

7) 놀이를 통해 지도하는 것

유아의 어떤 활동을 놀이라고 보는가는 바라보는 시야가 넓은가 좁은가에 따라 많이 달라질 수 있다. 잘 짜였고, '~놀이'라고 이름 붙여진 것이 아니면 놀이가 아니라고 보는 견해가 있다. 그런 자세는 견해 자체로서도 그렇거니와 그와 같은 특별한 놀이로 유도하는 것 모두가 유아의 자발성을 크게 제한할 가능성이 있다.

소꿉놀이, 곤충잡기, 모래놀이, 그리기, 만들기, 귀신놀이, 줄넘기놀이, 말타기놀이 등 성인의 눈으로 봐서 이해할 수 있는 활동을 하고 있을 때만 '놀이하고 있다.'라고 안심하는 경향이 있다. 그러나 텅 빈 허공을 올려다본다든지, 친구의 놀이를 옆에서 보고만 있다든지, 모래를 그저 흩뜨리고만 있고 아무 모양도 만들고 있지 않는다든지 한다면, '전혀 놀고 있지 않다.'라고 생각하는 경향이 있다.

그러나 유아의 주체적인 활동은 교사(보호자)가 그와 같은 단계를 받아들이고 지켜보는 것에서 시작하는 경우가 많다. 놀이는 모양이 있는 것이라고만 한정할 수 없다. 두 명의 유아가 뜰의 구석에 앉아서 그저 아무것도 하지 않고 있는 듯이 보이는 때도, 도화지를 앞에 두고 아무것도 그리지 않으면서 주위 유아들의 그림을 두리번거리며 보는 것을 즐기고 있는 상태도 역시 유아들에게는 놀이와 관련된 시간이 될 수 있다. 방향성도 형태도 보기 힘든 놀이이지만, 주체적인 마음의 움직임이 있는 중요한 시간이다. 장차 유아로부터 나오게 될 다음 장면의 전개를 기대하며 기다려 볼 수도 있는 것은 아닐까?

또한 '자발적인 활동은 모두 놀이다.'라고 생각한다면, 유아가 시작하는 활동이 전부 중요한 놀이라고 생각하게 된다. 즉, 유아가 하고 싶어 하는 그때의 기분이나 놀이의 이미지를 깨뜨리지 않도록, 아무것도 말하지 말아야 한다. 멈추게 하고 싶다고 생각되는 활동이 있어도, 유아가 시작한 활동이기 때문에 '무언가 의미 있는 것임에 틀림없어서 손을 대지 않는다.'라고 하는 딜레마를 느끼게 되는 경우도 많이 있는 것 같다.

그러나 아무것도 하지 않는 것만이 유아의 주체성을 존중하는 것은 아니다. 유아의 활동이 정체되어 더 이상 전개가 이루어지지 않는 경우나 활동의 방향성에 문제가 있다고 느껴지는 경우에는, 교사(보육자)가 유아에 대하여 방향 전환을 할 수 있도록 힌트를 주는 것도 때로는 필요한 역할이 된다.

유아들이 자발적인 놀이를 하는 상황 속에서 여러 가지의 놀이가 전개될 수 있는 싹이 있는 것이다. 거기에 교사(보육자)가 어떠한 배려나 정서적 · 지적 원조를 해 주는가는 그때의 교사의 상황 이해에 크게 의존하게 된다.

'놀이'의 접근 방법을 고정시키고 거기에 아동을 맞추고 이끌려고 하는 것이 아니라, 아동에게 주체적인 활동성과 놀이를 전개시켜 나가는 힘이 있다는 사실을 이해하는 것이 중요하다. 거기에는 교사의 다양한 감성과, 경험을 현재의 실천에 살려 내는 지성, 그리고 유아를 이해하는 통찰력이 필요하다.

4. 유아의 정신발달에 관한 여러 이론들

1) 눈에 보이지 않는 유아의 내면 발달

아기는 처음에 자기 몸을 뒤집지도 못하고 젖을 먹고 자고 울기만 하다가, 배를 땅에 대고 기면서 양손 바닥을 부딪칠 수 있게 된다. 그리고 앉을 수 있게 되고, 머리를 끄덕거리고, 마침내 서게 되고 걷기 시작한다. 이것은 눈에 보이는 한편의 드라마 같은 변화다. 이런 신체운동 발달의 드라마 속에는 눈에 보이지 않으나, 더 한층 드라마 같은 정신적 발달이 전개되고 있다.

내면의 발달과 신체운동의 발달이 얼마나 밀접하게 연결되어 있는지 살펴보자.

앉을 수 있게 된 아기는 누워 있을 때와 비교하여 시야가 한층 넓어져서 양손으로 장난감을 쥐는 것이 가능하다. 스스로 이동할 수 있게 된 아기는 지금까지 도달하지 못했던 사물을 눈으로 따라가고 자기 몸을 이동하여 그것을 만져 보는 것이 가능하게 된다. 끈을 잡아당겨 장난감이 끌어 당겨질 때, 아기는 장난감과 끈의 관계를 알게 된다. 걷기 시작한 유아는 낮은 테이블 위의 손이 닿지 않는 장소에 둔 장난감을 잡기 위하여 테이블의 주위를 걸어 다니다가 장난감에 도달한다. 이럴 때 아동은 '멀리 돌아가더라도 목표물에 도달할 수 있다.'라는 지능을 작동시키고 있는 것이다. 걸을 수 있게 된 1세 유아는 환경을 살피며 탐색하고, 사물을 넘어뜨리고, 누르고, 잡아당기고, 붙이고, 끌어당겨 보면서 사물의 성질을 시험하고 있다. 환경과 상호작용하면서 지적 발달을 이루어 가고 있는 것이다.

그러나 내면의 발달은 부모도 교사도 직접 눈으로 볼 수 있는 것이 아니다. 아동의 마음도 성인의 그것처럼 볼 수 없는 것이다. 아동의 '정신세계'라고 하는 것도 '외부의 사물이나 사상을 인지하는 정신'과, '기뻐한다든지, 슬퍼한다든지 감동하는 정신' '사람과 연관되는 관계를 갖는 정신' 등 여러 가지 정신세계의 영역이 있을 수 있다.

지금까지 유아와 관계하는 전문가인 교사나 연구자는 유아의 외부에 나타나는 행동이나 표정 등으로 유아의 정신세계의 상태와 발달을 알아볼 수 있었다.

다음으로 유아의 정신세계의 주요한 영역에 대해서, 지금까지 이해되고 있는 이론을 중심으로 유아의 내면의 발달을 따라가 보기로 하자.

2) 피아제가 보여 주는 유아의 인지발달 세계

Jean Piaget(1896~1980)

피아제는 성인과 다른 유아의 정신구조를 발생학적 인식론에 의거하여 연구함으로써, 20세기의 아동심리학에 큰 업적을 남긴 사람이다. 피아제의 연구 방법은 측정이나 검사 같은 것이 아니라, 있는 그대로의 상태에서 아동을 면접하고 아동과 말을 주고 받아 가면서 아동의 생각을 탐구하는 임상적인 방법이었다.

피아제는 아동의 정신(지적) 발달은, 아동의 마음과 외적 세계(환경)와의 상호작용에 따라서 결정된다고 보았다. 피아제는, 발달이란 외부의 대상을 마음속에 이미 가지고 있던 도식(스키마)에 '동화

(assimilate)'하는 작용과, 외부의 대상을 가지고 들어와 그것에 적합한 내적 도식을 '조절(accommodate)'하는 작용으로 이루어지고, 그 두 과정을 통해 '동적 균형(equilibrium)'을 이루고, 단계를 따라서 새로운 구조를 구축하는 것이라고 하였다.

피아제가 밝혔던 인지발달의 단계는 〈표 2-2〉와 같은 것이다.

〈표 2-2〉 피아제의 인지발달 단계

인지발달 단계		연 령
감각운동 단계		0~2세
전조작적(자기중심적) 단계	상징적 사고 단계	2~4세
	직관적 사고 단계	4~7,8세
구체적 조작 단계		7,8~11,12세
형식적 조작 단계		11,12~

주) 아동의 인지발달에는 개인차가 있으므로, 위의 연령구분은 평균적인 경우를 제시한 것임

다음에서는 〈표 2-2〉에서 제시한 인지발달 단계 가운데 영유아기의 시기에 해당하는 감각운동 단계와 전조작적 단계를 중심으로 살펴보고자 한다.

(1) 감각운동 단계–대상영속성 획득

감각운동 단계는 유아의 언어 이전 지능의 단계다. 태어나자마자 아기는 생득적인 반사 행동을 한다.

우연히 흔들어진 딸랑이에서 소리가 난다는 경험을 하면, 아기는 그런 기분 좋은 경험을 다시 만들어 내기 위해 딸랑이를 여러 방법으로 변화시켜 본다. 그리하여 '쥐었던 딸랑이를 흔들면 소리가 난다.'라고 하는 것을 감각으로 깨닫는다. 앉을 수 있는 유아는 손이 닿지

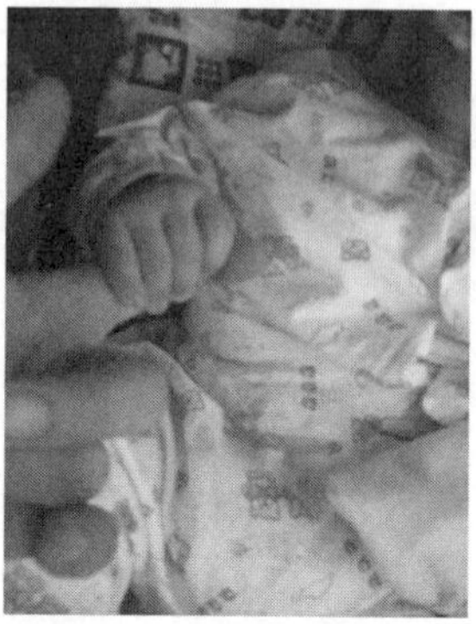

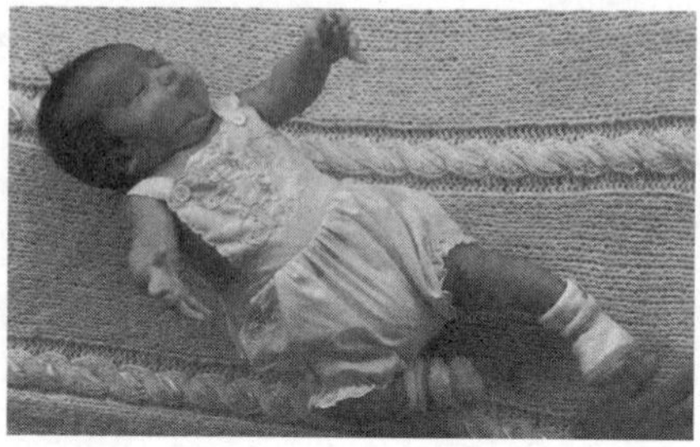

[그림 2-4] 감각운동 단계의 생득적 반사의 예-파악반사와 모로반사

않는 장소에 있는 장난감을 막대기의 끝을 이용하여 끌어당길 수 있다는 것을 알기 시작한다. 이런 감각운동 단계의 마지막인 1세 6개월 즈음에는, 교사가 '교실로 돌아가서 간식을 먹도록 합시다. 이 모래놀이 세트를 저기 있는 유모차 안에 정리합시다.' 등과 같이 부탁하면, 말의 전부를 이해하지 못하더라도, 잘 들어 두었다가 그렇게 행동하는 것이 가능하게 된다.

이 단계의 지적 발달의 또 하나의 중요한 지표로서 피아제 등이 제시한 것은, '대상의 영속성(permanence of object)'에 대한 인식이다.

앉을 수 있는 아기 앞에 좋아하는 장난감에 보자기를 씌워서 감추어 버리면, 그 장난감에 흥미를 보이던 아기는 곧 보자기를 걷어치우고 장난감을 찾는다. 장난감이 눈앞에서 보이지 않게 되어도 장난감이 보자기 아래에 존재하고 있다는 것을 알고 있기 때문이다. 천으로 만들어진 작은 인형을 통 속에 집어넣었다가 그 속에서 장난감이 나오는 것을 보았던 1세 유아는, 작은 인형을 통 속에 넣으면 곧 나왔던 통 안을 보면서 찾아내려고 한다. 장난감 기차가 터널에 들어가면,

그것을 보고 있던 1세 유아는 터널의 출구의 방향으로 시선을 옮긴다. 이것은 기차가 그 출구로부터 나온다는 것을 예측하고 있다는 것이다. 2세경에 이르면, 눈앞에서 두 개의 거꾸로 놓인 불투명한 컵의 하나에 장난감을 넣어 그것을 찾아내라고 유아에게 주문하면, 컵을 여러 번 자리를 이동시켜도 유아는 장난감이 들었던 컵을 정확하게 맞히는 것이 가능하게 된다.

(2) 전조작적 단계의 상징적 사고단계－표상기능의 중요성

피아제에 따르면, 2세 이상의 유아는 감각운동적 사고와는 다른 표상적 사고의 단계에 들어간다. 표상이란 사물이나 사상을 머릿속에서 재현하는(represent) 것을 말한다. 사물이나 사상을 구체적인 심상(이미지)으로 마음속에 재현하는 것이다. 그러나 아직 이 단계에서는 개념이나 논리를 마음속에 표상하는 것은 불가능하다. 2세경부터는 이러한 상징적 표상의 기능이 생기게 되고 유아의 지적 세계는 비약적으로 넓어진다. '자장, 자장'이라고 말하면서, 인형을 재운다든지, '맘마, 맘마'라고 말하면서 소꿉놀이 숟가락과 밥그릇으로 인형에게 무언가를 먹이는 시늉을 한다.

이러한 행동은 피아제의 지적보다 빠른 연령인 1세 마지막 무렵부터 관찰된다. 이와 같이 '흉내'나 '비유'를 따라 행동하는 것은 상징적 표상기능을 사용하고 있음을 나타내는 것이라 할 수 있다. 이를테면, 현실에서 경험하고 있는 식사 장면을 머릿속에서 재현하여, '맘마'라는 말과 결합시키고, 인형을 유아에 '비유'하여 밥을 먹이는 '흉내'를 내고 있는 것이다. 유아는 점차로 언어의 의미를 사용해 가는 것이다.

(3) 전조작적 단계의 직관적 사고단계 — 유아에게 독특한 보는 방식과 생각하는 방식

직관적 사고의 단계에서 유아는 일반적인 성인들의 사고와는 다른 방식으로 외부 세계를 보고 있다. 유아의 사고는 유아 자신의 신체나 지각이나 활동에 제한되어 있다. 예를 들면 다음과 같다.

A, B 2개의 컵에 같은 양의 물이 들어 있는 것을 유아에게 확인시킨다. 그런 뒤 유아의 앞에서, B의 물을 좁고 긴 C의 컵에 이동시키고, 'A의 물과 C'의 물이 같은가? 둘 중에서 어떤 것이 많은가?'라고 물으면, 5~6세의 유아는 'C의 물이 많다.'라고 대답한다. 왜 그렇게 생각하는지를 물으면, 아동은 '여기가 이것보다 높기 때문에.'라고 C의 물의 높이를 가리키며 말하곤 한다. B의 물을 넓은 D의 컵에 옮기면, '여기가 낮기 때문에 작다.'라든가 '넓기 때문에 많이 들어 있다.'라고 대답을 바꾼다. 유아는 수면이 높은가 낮은가와 같은 컵의 크기의 지각에 얽매여서, '물은 들어가서 모양이 바뀔 뿐 양은 변화하지 않는다.'라고 하는 논리를 이해할 수 없다.

하얀 유리구슬 10개와 그 아래 파란 유리구슬 10개를 같은 간격으로 늘어놓고, 유아로 하여금 같은 수인 것을 확인하게 한 후, 유아의 앞에서 파란 구슬의 간격을 넓혀 놓고, '구슬의 수가 같은가, 그렇지 않으면 어떤 쪽이 더 많은가?'를 질문한다. 5~6세의 유아는, '파란 구슬이 많아요. 여기부터 여기까지 있으니까.'라고 대답한다. 이번에는 파란 구슬을 뭉쳐서 둥글게 모아 놓고 어느 쪽이 더 많은가를 물어보면, '파란 쪽이 많아요. 왜냐하면, 이렇게 가득 있으니까요.'라고 대답하곤 한다. 이것은 '수를 증가시키거나, 감소시키거나 하지 않으면 수는 변하지 않는다.'라고 하는 논리가 공간을 점유하는 길이나 밀도의 직관에 의해 매몰되고 있는 것을 보여 준다.

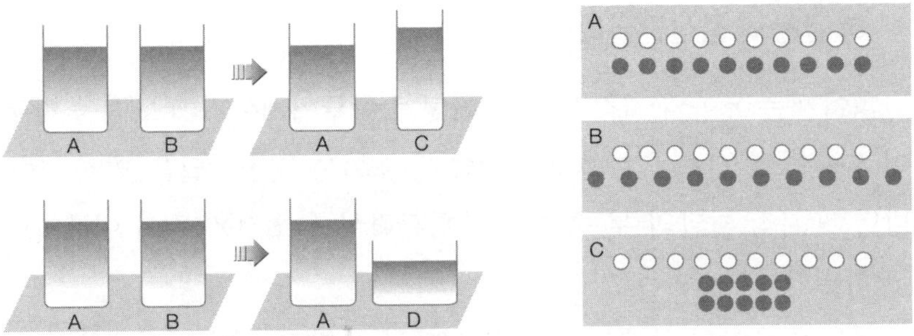

[그림 2-5] 양의 보존과 수의 보존 개념의 예

피아제는 컵의 물의 예를 '양의 보존', 구슬의 예를 '수의 보존'이라는 논리구조로 이론화하였다. 그리하여 이러한 단계의 유아는 보존의 개념 외에도, 가역성, 이동성, 집합의 포괄관계, 계열화라 불리는 이론의 기본 구조를 이해하는 것이 불가능하고, 비가역적인 지각에 지배되고 있다고 하였다. 전조작기에 붙여질 수 있는 이런 정신적 특성을 피아제는 '자기중심성(ego-centrism)'이라고 정의하였다.

피아제는 이외에도 길이, 무게, 부피의 보존개념, 공간, 시간, 속도의 개념, 생명관, 인과성, 도덕적 판단 등의 온갖 인식영역에 관하여 유아에게 독특한 보는 방법, 사고하는 방법을 연구하여 이를 이론화하였다. 태양과 나무와 꽃과 산도 자신과 같이 생명을 가지고 있다는 '애니미즘'의 생명관, '강이 사람을 태워서 배를 움직이기 위해 흘러가고 있다.'라고 생각하는 인과성 이해, '어머니를 괴롭히기 위해, 일부러 접시 한 장을 깨뜨린 것보다, 도와드리다가 접시 다섯 장을 깨뜨린 쪽이 나쁘다.'라고 하는 것 같이 동기보다도 결과에 의거해 판단하는 도덕 판단 등은 모두가 전조작기 유아의 독특한 사고다.

3) 왈롱의 정신발달이론

피아제는 유아의 지적 발달이 어떻게 이루어지는지에 초점을 맞추어 연구하였으나, 왈롱(Wallon, 1879~1962)은 정신발달을 인격(자아) 발달과 지적 발달의 두 측면의 상호관련성에 초점을 두어 이해하려고 하였다.

처음에 유아의 존재는 객관적 세계와 분화되지 않은 상태에서 매우 한정된 좁은 세계에 매몰되어 있다. 유아는 생후 6개월경부터는 정서 발달이, 9개월부터 12개월에 이르러서는 감각운동 기능이 발달한다. 그리고 생후 2년까지 언어와 두 발 보행의 발달에 따라 자아와 타자가 차츰 분화되어 간다. 감각운동이 활발한 1세 유아는 대상이나 장면을 직접적·구체적으로 파악하는 '실행적 지능'을 작동시킨다. 이것은 피아제의 이른바 감각운동적 사고에 해당하는 것이다. 3세에는 자아의식이 확립되어 주관적인 통합이 완성된다.

3~5세는 '모방기'에 해당한다. 왈롱은 모방은 자아의식이 발달함에 따라 자신을 타인과 분화하게 되고 따라서 타인의 반응에 민감하게 되는 것이라고 분석하였다. 왈롱은 3세가 지나면서부터 7세경까지의 유아의 사고를 '혼동적 사고'라고 이름 지었는데, 이것은 피아제의 전조작적(자기중심적) 사고와 아주 비슷하다.

한편 유아의 생후 6개월부터 1년경은, 다른 유아나 타인을 향하는 행위가 양적으로나 질적으로 높아져서 사회적 감수성이 증가하는데, 성인을 향하여 부정적인 위기에 직면하지만 이는 곧 모방행동으로 대체된다. 왈롱은 이것을 '사회성의 폭발'이라고 부르고 있다. 이것은 하나의 아동의 정신현상으로서 후에 '애착'이라 부르는 현상이라고 정리되었지만, 왈롱은 이를 유아의 사회성으로서 이해하고 있다는 점이 근본적으로 다른 것이다.

4) 브루너의 나선형 교육과정

Jerome Bruner(1915～)

피아제는 유아의 자기중심성을 거의 모든 유아가 이 단계에서 나타내는 정신적 특성이라고 말하였다. 그러나 브루너는 문화를 가진 인간 사회의 유아의 정신발달을 훨씬 다른 각도에서 파악하여 독자적인 발달 이론을 전개하고 있다. 브루너는 구체적인 것에서부터 추상적인 것으로 나아가는 나선형 교육과정에 관하여 언급하였다. 즉, "어떠한 교과라도 그의 지적 내용을 왜곡하지 않고, 발달의 어떠한 단계에 있는 아동에게도 효과적으로 가르치는 것이 가능하다."(Bruner, 1966)라고 대담하게 진술하고 있다.

브루너는 피아제의 '양의 보존' 개념을 채택하여 다음과 같은 실험을 하였다. 즉, A라는 컵의 물을 더 좁은 B컵에 옮겨 담을 때는 수면이 보이지 않도록 스크린으로 수면을 감추었다. 그리하여 유아에게 'A의 컵의 물과 B의 컵의 물이 같은가, 아니라면 어느 쪽이 더 많은가'를 예측하게 하였다. 유아는 '같다.'라고 대답하지만, 물을 이동시킨 스크린을 걷으면, 수면이 올라가 있는 것에 놀란다. 그때 유아는 '나중의 높은 컵이 좁기 때문에 물이 여기까지 올라갔네.'라고 자신이 발견한 것을 언어로 표현했다. 이와 같은 경험이 쌓여 가면서, 유아는 언어화를 통하여 자기중심적인 사고를 탈피할 수 있다고 브루너는 주장한다.

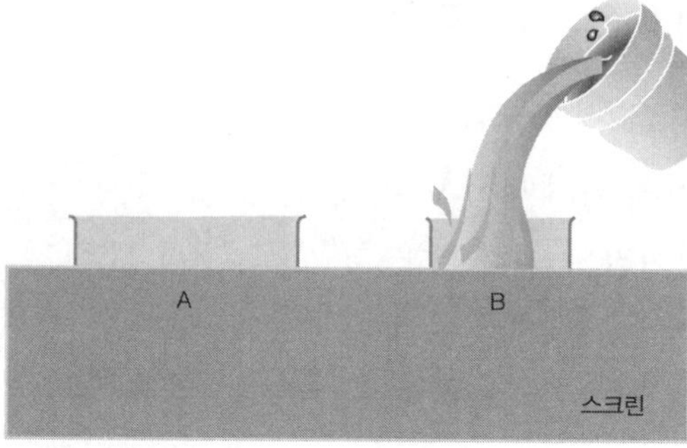

[그림 2-6] 브루너의 스크린을 사용한 실험

5) 비고츠키의 '발달의 최근접영역'

Lev Vygotsky(1896~1934)

비고츠키는 정신발달을 사회문화적 관점에서 파악하였다. 그는 지능검사가 생물학적 자연주의적 발달관에 기초하고 있다고 지적하였다.

예를 들면, 지능검사에서 두 사람의 아동이 똑같이 7세용의 문제까지 풀고, 8세용의 문제를 풀지 못했다면 지능연령은 두 사람 모두 7세가 된다. 그런데 한 아이는 주변으로부터 힌트를 얻어서 8세용의 문제를 풀었으나, 다른 한 아이는 같은 힌트를 주어도 풀 수 없었다. 비고츠키는 이러한 경우에 두 명의 지적 능력이 같다고 말할 수 있는지에 대해 의문을 던졌다.

비고츠키는 아동이 전부 획득하고 있는 안정된 발달수준(지금의 발달수준)의 주변에 교사나 자신보다 나이든 아동으로부터 도움을 받을 경우 가까운 장래에 실현하게 될 발달수준(이후의 발달수준)을 상정하여, 두 개의 수준 사이의 영역을 '발달의 최근접영역(Zone of Proximal Development)'이라고 불렀다.

교육은 아동이 자연히 성숙하는 것을 기다리기만 하는 것이 아니라 최근접영역으로 목표를 좁혀서, 내일의 발달수준을 오늘의 발달수준으로 전환하여 새로운 최근접영역을 만드는 것이라고 하였다. 비고츠키의 발달이론은 1980년대까지 미국의 포스트 피아제학파의 움직임에서도 주목받고 있다. 거기서는 아동 스스로 발달을 이루어 가는 것에서 더 나아가, 주변의 성인이 '스캐폴딩(scaffolding)'해 주는 중요성에 대해서 지적하고 있다.

6) 가드너의 다중지능이론

전통적으로 인간의 지능은 주로 논리적 언어적 능력을 기반으로 평가되고 측정되어 왔다. 그러나 가드너는 '다중지능(multiple intelligence)'에 대하여 이야기하였다(1983). 즉, 지능을 세 가지 측면에서 이야기하고 있는데, 첫째는 실생활에서 직면하는 문제를 해결하는 능력, 둘째는 새로운 문제에 대한 해결방안을 생성해 내는 능력, 그리고 셋째는 자신의 문화권 내에서 가치 있는 공헌을 하거나 무엇인가를 만드는 능력이다.

Howard Gardner(1943~)

그는 이러한 정의에 기초해 생물학적, 문화인류학적 증거를 들어 일곱 가지 지적 능력을 설정하였다. ① 언어지능, ② 논리-수학 지능, ③ 공간지능, ④ 신체-운동지능, ⑤ 음악지능, ⑥ 대인관계 지능, ⑦ 개인이해 지능이 그것이다.

가드너에 따르면, 모든 인간은 상대적으로 자율적인 일곱 가지 독특한 지능을 갖고 있다. 따라서 높은 지능검사 점수(IQ)를 얻지 못했다 하더라도, 일곱 가지 영역 가운데 하나 혹은 그 이상의 영역에서 높은 점수를 받을 수 있다는 것이다. 그리고 일곱 가지 지능은 비교적 서로가 독립적이기 때문에 한 영역의 지능이 높다고 해서 다른 영역의 지능이 높을 것으로 예단할 수는 없다는 것이다. 즉, 교육을 담당하는 사람들이 똑똑한 아동과 그렇지 못한 아동으로 구분하는 것은 잘못된 것이고, 한 영역에서 우수한 아동이 다른 영역에서는 열등할 수 있는 것을 알아야 할 것이다.

참고문헌

白川蓉子, 北野幸子, 奧山登美子, 稱壇由子(2004). 『育ち會う乳幼兒教育保育』. 有斐閣コンパクト.

クロン, H./竹内良知譯(1982). 『子どまの精神發達』. 人文書院.

Bruner, J. (1966). *Toward a Theory of Instruction.* Harvard University Press.

Douville-Watson, L., Watson, M A., & Wilson, L. C. (2003). *Infants & Toddlers: Curriculum and Teaching.* Clifton Park, NY: Thomson Delmar Learning.

Estes, L. S. (2004). *Essentials of Child Care and Early Education.* Boston: Pearson.

Frost, J. L., Shin, Do., & Jcobs, P. (1998). Play environments and children's play. In O. Saraco & B. Spodeck (Eds.), *Multiple perspective on play childhood education.* Albany, NY: State University of New York Press.

Gardner, H. (1983). *Frames of Mind: The Theory of Multiple Intelligences.* Basic Books.

Graue, M. E., & Walsh, D. J. (1998). *Studying Children in Context: Theories, methods and Ethics.* Thousands Oaks, CA: Sage.

Mahler, M. (1975). *The psychological birth of the human infant: Symbiosis and individuation.* New York: Basic Books.

Piaget, J., & Inhelder, B. (1969/2000). The psychology of Child. NY: Basic Books.

Robertson, C. (2003). *Safety, Nutrition and Health in Early Education* (2nd ed.). Thompson.

Roopnarine, J. L., & Johnson J. E. (Eds.), *Approaches to Early Childhood Education.* NJ: Merrill/Prentice Hall.

Shonkoff, J. P., & Phillips, D. A. (2001). *From Neurons to Neighborhoods-The Science of Early Childhood Development.* National Academy Press.

Wellhousen, K. (2002). *Outdoor Play, Every Day: Innovative Play Concepts for Early Childhood.* Albany, New York: Delmar.

Vygotsky, L. S. (1978). *Mind and Society: The development of higher Psychological Processes* (ed. M. Cole et al.). Harvard University Press.

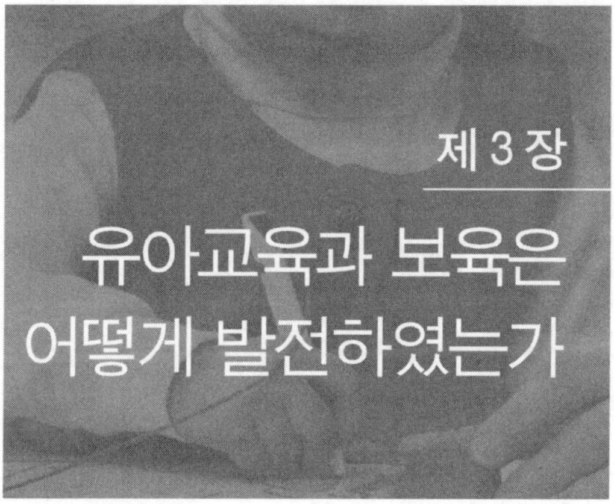

제 3 장

유아교육과 보육은 어떻게 발전하였는가

제3장_ 유아교육과 보육은 어떻게 발전하였는가

1. 아동 교육사상과 초등교육의 시작

1) 전환적인 아동 교육사상의 대두

고대문명이 번영한 옛날부터 학교는 존재하였다고 한다. 그러나 초기의 학교는 일부의 풍요로운 지배계층의 아동만을 대상으로 한 것이었다. 또한 아동을 미숙하고 비이성적이며 불완전한 성인으로 여겼다. 그런 까닭에 교육의 목적은 미숙한 시기에 있는 아동에게 지식이나 경험, 기술, 습관을 전달하는 것이었다.

근세에 들어오면서 학교교육의 대상은 지배계층의 아동으로부터 서민의 아동에 이르기까지 확대되고 크게 변화하게 되었다. 산업 발전과 도시화의 진행에 수반하여 읽기 쓰기 셈하기는 많은 사람들이 익혀야 할 필수적인 기초 지식이 되었다. 또한 도시의 안전뿐만 아니라 함께 협력하여 일하는 사회의 일원으로 생활하기 위해서도 도덕 교육이 필요하다고 생각하게 되었다.

근대에 이르러서는 사회경제적 발달과 더불어 교육기관이 한층 더 제도화되었다. 문화전달과 사회화를 목표로 교육은 모든 아동을 대상으로 확장되게 되었다. 근대 교육제도를 정비하게 된 배경은 아동 자체에 대한 관심이 높아졌을 뿐 아니라 아동에 관한 교육사상이 널리 보급되었던 점을 들 수 있다.

아동에 대한 새로운 인식과 아동교육의 발전은 하나의 사상으로서 체계화되어 갔다. 다음에서는 '아동관의 전환'을 초래했다고 여겨지는 교육사상의 원류를 대표적인 교육사상가들을 중심으로 탐구해 보고자 한다.

2) 코메니우스-직감교육

John Amos Comenius
(1592~1670)

코메니우스는 교육의 이론화를 시도하였던 최초의 인물로서, '근대교육학의 아버지'로 알려져 있다(Schäfer, 1987). 그의 『대교수학』(Comenius, 1657)에 유아를 포함한 남녀 아동에 대한 교육이 구상되어 있다. 이 책에서는 교육 내용은 일체의 범지적인 지식과, 도덕 그리고 신에 대한 존경이 중심이 되었으며, 교육의 장소인 학교는 연령 단계별로 그 특징에 맞추어 어머니학교, 모국어학교, 라틴어학교 및 아카데미아로 구상되어 있다. 이것은 현대의 학교제도에 크게 영향을 미친 것으로 평가된다.

코메니우스는 6세까지의 유아에 대해서는 다음의 학습단계를 위한 준비기로 생각하고, 부모에 의한 교육을 구상하였다. 그는 아동은 모방하면서 배우기 때문에 도덕적 규범을 보여 주는 것이 중요하다고 하였다. 또한 감각이나 직감, 생활경험을 통하여 배우기 때문에 감성에 호소하는 것이 중요하다고도 지적하였다. 그의 직감교육이론은 '지식은 감각에서 시작한다.'라는 말로도 표현된다. 실제로 그는 시각적으로 사물을 배우는 교재로서, 세계 최초의 그림이 실린 교과서라 불리는 『세계도회(*Orbis Pictus*)』(1658)를 저술하였다.

[그림 3-1] 『세계도회(*Orbis Pictus*)』

코메니우스는 전쟁 때문에 모국에서 추방당한 경력을 가진 사람이다. 따라서 모든 아동을 대상으로 하는 그의 국가교육의 배경에는 평화에 대한 강한 기원이 담겨 있다. 코메니우스가 구상했던 교육은 아동의 각 연령 단계에 맞추어 상세하게 제시되고 있다. 코메니우스는 후세의 아동관과 그 교육의 전개에 크게 영향을 주었다고 평가되는 인물이다.

3) 로크–젠틀맨교육

John Locke(1632~1704)

SOME
THOUGHTS
CONCERNING
Education.

LONDON,
Printed for A. and J. Churchill, at the Black Swan in Pater-noster-row, 1693.

[그림 3-2]『교육에 관한 고찰』

영국의 명예혁명에 기여했던 사상가 로크는 시민사회의 일원의 역할을 담당할 젠틀맨(신사) 교육의 이상을 전개하였다. 그는 이런 교육사상을 기초로『교육에 관한 고찰』(1693)을 저술하였다.

여기에서 그는 건강이나 도덕, 지식에 관련된 구체적인 교육이론을 전개하였다. 기본적인 생활습관의 형성과 심신의 건강증진에 관해서는 식사와 충분한 수면, 일찍 자고 일찍 일어나는 습관, 얇게 옷 입기 등을 이야기하고 있다. 도덕교육에 관해서는 욕구의 억제, 진지한 탐구심의 양성 등을 들고 있다. 지식교육은 수학, 지리학, 역사학 등 폭넓은 교양과목과 더불어, 학문에의 경애심과 향상심을 육성할 것 등을 주장했다.

로크는 아동이 백지 상태로 태어난다고 강조하면서 특히 유아기가 이후의 교육에 큰 영향을 준다고 지적하였다. 아동의 독자성에 관해서는 그 개성과 자발성을 존중하여 발달에 적합한 합리적이고 계통적인 교육을 실시할 것을 강조하였다. 그리고 조기부터의 습관형성이 중요하다고 말하였다.

로크는 시민사회의 지도적 역할을 담당할 엘리트의 사교육론을 전개했다는 점에서, 보편교육을 강조하였던 코메니우스와 대조적이다. 그러나 한편 아동의 본성을 존중하고 이성적인 대화를 통해 그 능력을 키워 나갈 것을 계몽한 로크는, 아동 교육의 보편적인 가치를 지적했다고 말할 수 있을 것이다. 로크의 교육론은 후에 루소에게 계승되었다.

4) 루소-자연주의교육

Jean Jacques Rousseau
(1712~1778)

루소는 '아동관의 전환'을 불러온 대표적 인물이라고 평가된다. 그는 당시의 교육의 주요한 과제가 아동을 성인사회에 적응시키고, 장래를 준비하는 것에 있다고 예리하게 비판하였다. 그는 저서 『에밀』(1762)에서 아동이 성인과 다른 독자적인 존재인 것을 날카롭게 지적하고 있다.

또한 아동은 독자적인 존재이므로 아동에게 지식을 적극적으로 가르칠 필요가 없다고 하였다. 교육은 오히려 아동 자신의 현실에서부터 출발하여야 한다고 강조하였다. 그의 '소극적 교육론'은 아동의 고유한 본능을 따를 것을 강조한다. 그리하여 간섭이나 강제를 부인하고 아동 자신이 자연적으로 법칙에 따라 경험하고, 놀고, 배우는 것을 존중하고 있다. 자연에 따르는 그의 교육론에 의하면, 아동은 자기를 충분히 억제하고 동시에 이성에 기초하여

Herrn Johann Jacob Rousseaus,
Bürgers zu Genf,
Aemil,
oder
Von der Erziehung.
Aus dem Französischen übersetzet,
und
mit einigen Anmerkungen versehen.
Erster Theil.
Sanabilibus aegrotamus malis; ipsaque nos in rectum genitos natura, si emendari velimus, juvat. Seneca, de ira, L. II. c. 13.
Berlin, Frankfurt und Leipzig,
1762.

[그림 3-3] 『에밀』

행동하고 판단하는 자연인으로서 점차 성장한다는 것이다. 루소의 이런 생각은 후에 페스탈로치에게로 이어졌다.

5) 페스탈로치－빈민교육

Johann Heinrich Pestalozzi(1746~1827)

페스탈로치는 루소의 저작에 영향을 받았는데, 특히 '자연으로 돌아가라.'라고 한 말에 감동을 받고 빈민교육을 위해 노력했던 인물이다. 당시 산업혁명에 의해 사회구조가 크게 변화하였는데, 특히 농촌에서 빈곤을 초래하였다. 페스탈로치는 빈곤으로부터 탈출하기 위하여 아동 자신들이 스스로를 개선하는 수단으로서 교육을 받아야 한다고 주장하였다.

그는 교육은 스스로의 본질(인간으로서 살아가는 수단)을 '직감'하게 하도록 도와주고, 또한 사회에 적응하기 위한 지식과 기술을 제공하는 것이라고 생각하였다. 그의 교육방법론은 저작 『게르트루드는 어떤 방법으로 그녀의 아이를 가르치는가?(*How Gertrude teaches her Children*)』(1801) 등에 자세히 전개되어 있다. 그는 아동 자신의 경험, 활동을 중시하였다. 가르치는 교육을 비판하고 아동과 함께 체험하면서 함께 대화하는 것이 중요한 것이라고 생각하였다. 거기에서 쌓여지는 신뢰관계를 바탕으로 아동의 도덕성이나 생활과 관련된 지식, 신체가 조화롭게 발달해 가는 것이라 보았다.

6) 프뢰벨－유치원교육

Friedrich Wilhelm August Froebel(1782~1852)

세계 최초로 유치원을 설립한 프뢰벨은 페스탈로치의 학교를 방문 관찰하고 그것을 직접 배운 사람이었다. 그리고 자신의 시대와 환경의 요청에 따르면서 교육사상과 실천을 전개하였다. 프뢰벨의 교육사상과 실천에 관해서는 제3절의 '세계적인 유아교육 · 보육 프로그램'에서 자세히 검토할 것이다.

2. 유치원과 보육시설의 기원과 전개

1) 초등학교로부터 유아를 분리

근대에 이르러서 과학과 학문의 진보는 여러 방면에서 영향을 미치고 있었다. 1789년의 프랑스혁명을 계기로 민주주의와 국가주의의 발전이 촉진되었다. 국민 한 사람 한 사람의 인권 존중과 복지 향상을 목표로 하는 시민혁명 사상은 한편으로는 근대 공교육제도를 확립하게 하는 계기를 만들었다.

그러나 동시에 공교육제도는 관료주의적인 측면을 가지고 있었다. 근대과학의 발달은 산업 발전과 도시화를 초래하여, 노동력을 담당하는 서민의 자녀들에게도 독서산(읽기 쓰기 셈하기)교육을 요구하게 되었다. 뿐만 아니라 도시화에 수반하여 생긴 도시 빈민문제의 대책이나 치안유지, 아동의 사회화 등을 공교육에 의존하게 되었다. 지식과 기술을 몸에 익힌 시민으로서 살아가게 하고 자기실현을 가능케 하는 교육은 동시에 관료주의적인 사회통제를 위한 장치로서도 활용될 수밖에 없었던 것이다.

초등학교의 시작은 유아교육의 발전과 상호적인 관계가 있다. 아동의 발달단계에 맞는 교육의 필요성, 놀이를 중심으로 하는 유아기의 독자적 교육의 필요성은 코메니우스 이후 지속적으로 지적되었던 것이다.

19세기 전반에 유럽과 미국에서는 인펀트 스쿨운동(The Movement of Infant School)이 전개되었다. 이것은 어린 아동에게도 교육을 보장해야 한다고 주장한 운동이다. 실제 민중학교나 초기의 초등학교에는 어린 동생을 돌보아야 했던 큰 아이를 따라서 많은 유아가 초등학교에 통학하고 있었다. 초등학교 교육을 효과적으로 실시하기 위하여서도, 또한 유아기의 발달특성을 고려하는 이유에서도 유아기의 아동을 초등학교에 통학시키지 말아야 한다는 생각이 확산되었다. 그리고 초등학교와는 대상 아동과 내용이 다르지만 초등학교의 준비단계로서 기능해 줄 수 있는 교육기관을 기대하고 있었다.

어린 아동에게 독서산교육을 실시하는 데 대한 비판의 소리가 높은 가운데, '놀이'를 중심으로 하는 프뢰벨주의의 유아교육은 세계적으로 전개되어 가고 있었다.

2) 유치원의 기원

'유치원(킨더가르텐)'이란, 1840년에 독일의 프뢰벨이 설립한 보육시설의 명칭이다.

프뢰벨의 유치원은 확실히 그 이름에서 알 수 있듯이 '아동의 뜰'이었다. 프뢰벨은 아동을 식물에 비유하고 교사는 정원사와 같은 존재라고 생각하였다. 아동은 식물과 같이 자연스럽게 성장하는 존재다. 성인은 정원사처럼 말을 많이 하지 않고, 아동의 발달 방향에 맞춰가는 원조자 역할을 한다. 프뢰벨은 아동에게는 신성이 잠자고 있어서 근본적으로 선하다고 생각하였다. 그래서 아동의 자발성을 존중하고, 아동의 발달에 대응하는 교육을 해야 한다고 하였다.

자발성의 원리와 발달의 원리를 전제로 하는 프뢰벨의 교육의 특징은 놀이를 중심으로 하는 교육이었다. 구체적인 놀이의 내용이나 교재도 아동의 발달을 자세하게 관찰해 가면서 개발되었다. 프뢰벨은 아동이 창조적으로, 또한 활동적으로 놀이하면서 배울 수 있도록 하는 교육용 놀잇감인 '은물(Gabe)'을 제작하였다.

프뢰벨의 실천의 장은 유아를 대상으로 할 뿐 아니라, 성인과 아동이 함께 생활하면서 공부하는 곳이기도 하였다. 유치원에는 어머니나 여성이 함께 모여 배우고, 보육자가 양성되고, 가정과의 연락도 적극적으로 이루어졌다. 페스탈로치처럼 프뢰벨도 역시 스스로 아동과 함께 놀고 생활하였다.

3) 유치원 운동의 세계적 전개

프뢰벨이 죽은 후, 그의 이론과 실천은 제자들에게 계승되어 세계 각국에 유치원이 설립되기에 이르렀다. 세계적으로 '유치원'에 대한 지지가 높아지고, 각국에서 조직적인 유치원 운동이 전개되었다.

미국을 예로 들어보자. 미국에서는 피바디(E. Peabody, 1804~1894)에 의해 1860년 미국최초의 영어 유치원(독일계 이민 슐츠(M. Schurz)가 1856년 설립했던 유치원에서는 독일어가 사용되었다.)이 설립되었다.

또한 1877년에는 미국 최초의 전국 규모의 유치원 전문 조직이 만들어져 유치원 보급에 주력하게 되었다.

당시의 교육행정 관계자들도 빈곤 등 사회문제 해결의 방법으로 유치원 교육기관을 주목하여 유치원의 공교육제도 도입을 추진하였다. 현재 미국의 많은 초등학교는 유치원 학급이 1학년 전 단계의 학년으로 부설되어 공교육제도에 편입되어 있다.

John Dewey(1859~1952)

19세기부터 20세기에 걸쳐 세계에서 전개되었던 신교육운동은 유치원운동에도 큰 영향을 주었다.

예를 들어, 아동중심주의 사상의 대표적인 인물이라고 칭해지는 듀이(J. Dewey)는 놀이를 중심으로 하는 유아교육의 중요성을 제창한 사람이기도 하다. 또한 자신의 실험학교에 유치원 학급을 두어 그 실천에도 기여하였다.

Granville Stanley Hall
(1844~1924)

과학적 아동연구의 창시자의 한 사람으로서 발달심리학의 아버지라 칭해지는 미국의 심리학자 홀(G. Hall)은 1880년 세계 최초로 아동 교육에 활용하기 위한 목적으로 아동을 대상으로 한 설문 조사를 실시하였다. 이 조사에는 유치원 교사도 협력하였다. 홀은 아동에게 독자성이 있으므로 그 독자성을 알고, 그 지식에 기초하여 보육이나 교육을 행해야 하는 것을 역설하였다. 이러한 자세는 많은 보육자나 어머니, 교육자의 공감을 얻어 수많은 보육담당자들이 홀의 기초하에 배우게 되었다.

듀이와 홀 모두는 프뢰벨의 이념과 사상을 강하게 지지하면서, 은물을 중심으로 형식주의에 함몰되어 있던 당시의 프뢰벨주의의 보육실천을 비판하였다. 그들은 아동에 관한 지식을 얻는 것, 다시 말해서 아동연구의 성과를 공부하는 것, 그래서 스스로가 아동을 알기 위해 실제에서 관찰하거나 연구하는 것, 그리고 그 성과에 기초하여 교육을 실천하는 것이 중요하다고 계몽하였다. 연구자로서의 그들의 보육자상은 지금까지도 널리 그 영향력을 미치고 있다.

아동중심주의 사상의 확장과 더불어 의학, 심리학, 위생학 등 아동에 관련된 여러 학문들이 한층 더 발전되었다. 유아기에 관한 과학적 연구의 발전은 유아기의 중요성을 널리 사람들에게 알리게 되었고, 유아기의 중요성에 대한 인식은 유아교육제도의 보급과 방법의 발전을 한층 더 촉진하는 계기가 되었다.

유치원운동은 유치원의 의의를 알리고, 유치원을 설립 및 보급시키도록 하는 운동에서 시작되었다. 그리고 더 나아가서 과학적 지식과 아동중심주의의 사상을 배경으로 그 질적 유지를 위해 힘쓰게 되었다. 또한 유치원 교육관계자에 의한 아동연구, 교육내용의 개선 및 교재개발에서도 진전이 이루어졌다. 현재에는 세계 각국에서 국제조직들이 유아교육의 질적 향상을 목표로 조직적으로 활동하고 있다.

4) 보육시설의 기원

세계에서 최초의 탁아시설은 18세기 후반 목사 오베르랑(Oberlin, 1740~1826) 등에 의해 설립되었다고 한다.

프랑스의 빈곤한 한 지역에 목사로 부임한 오베르랑은 지역의 활성화를 위해 힘을 기울였다. 농업기술을 향상시키고, 도로를 설치하며, 가내공장 건설에 착수하였다.

또한 빈곤의 근본적 개혁에는 교육이 가장 중요하다고 생각하여 학교제도를 정비하고자 노력하였다. 그는 교과교육뿐 아니라 농업이나 산업과 관련된 실제적 교육을 실시하는 초등학교를 정비하였다. 가난한 가정의 아동이 어린 동생 돌보기로부터 해방되어 초등학교에서 공부할 수 있게 하기 위하여, 그리고 방치되어 있던 취학 전 아동의 교육이 가능할 수 있도록 보육시설을 설치하였다.

오베르랑 부부는 당시 자택에서 가까운 아동들에게 뜨개질을 가르치고 있던 여성인 사라의 협력을 얻어 어린 아동을 교육하고, 아동을 돌보는 여성의 교육도 동시에 행하는 시설을 교구 내에 설립하였다. 여기서는 성서 들려주기, 노래 부르기, 산보하면서 자연 관찰하기, 그림카드에 의한 언어학습, 뜨개질 등이 이루어졌다.

한편 산업혁명 이후 도시에서도 빈곤문제가 심각한 과제가 되었다. 급격한 인구의 증가나 도시화, 기계화에 동반하여 노동시간이 연장되고 임금은 낮고 노동조건은 매우 열악하였다. 공장에는 여성이나 6세 이상의 어린 아동이 저임금의 노동수단으로서 고용되었다. 또한 아동의 높은 사망률과 과도한 노동, 범죄의 저연령화 등이 사회문제가 되고 있었다.

영국의 사회개혁가이자 성공한 사업가였던 오웬은, 환경결정론자로서 이러한 사회문제를 해결하면서 비참한 아동의 상황을 개선하기 위해서는 교육이 중요하다고 생각하고 가난한 아동을 위한 보육시설을 설립하였다. 1816년에 오웬이 경영하던 공장 내에 '성격형성학원'을 설립하여, 그 안에 5세 이하의 유아를 대상으로 하는 '유아학교'를 개설하였다. 이는 유치원창설의 아버지라고 불리는 프뢰벨보다 먼저 취학 전 아동을 위한 학교를 실천한 것이라고 말할 수 있다. 오웬은 아동의 성격형성은 교육환경에 의한 것이라고 생각하였다. 그는 실제적인 교육을 중시하여 글씨로 쓰인 것보다도 구체적인 활동, 자유로운 놀이를 도입하였다. 오웬은 또한 영국의 아동복지의 개선을 위하여 설치하였던 '공장법'의 개정에도 노력하였다. 그는 의회 등에서 아동의 환경 그리고 교육의 중요성을 주장하여 아동을 가혹한 노동으로부터 해방하고 보호하고자 하였다.

Robert Owen(1771~1858)

5) 보육시설의 전개

당초 보육시설은 아동의 보호를 목적으로 취학을 위한 준비를 위해서, 그리고 사회적응을 촉진하는 시설로 시작되었다. 그러나 유치원 운동과 마찬가지로, 아동에 관한 과학적 연구 성과가 쌓이고 독자적인 존재로서의 아동관이 확산되었던 19, 20세기의 전환기에는 보육시설도 새로운 전기를 맞이하게 되었다.

이탈리아 여성으로서 최초로 의학박사를 취득한 몬테소리도 빈민가의 어린이 보육에 주력하여, 그 발전에 공헌

Maria Montessori
(1870~1952)

하였던 중요한 인물의 한 사람이다. 몬테소리는 이탈리아의 빈민가에 개설된 보육시설 '아동의 집'에서 보육을 실천하였다. 그녀는 당시의 최신 생태학과 의학 지식을 활용하면서, 아동에 대한 관찰과 조사에 기초하여 독자적인 보육방법을 전개하였다.

몬테소리는 아동은 스스로 성장 발달하는 힘을 가지고 성장해 간다는 신념을 가지고 있었다. 그러므로 성인(부모나 교사)은 아동의 요구를 받아들여 자유를 보장하고, 아동들의 자발적인 활동을 도와주는 존재에 머물러야 한다고 생각하였다.

몬테소리는 교구를 활용한 교육방법을 전개하였다. 아동에게 맞는 크기의 가구, 아동의 자연적 발달을 촉진하는 자유로운 분위기, 아동의 주의력이나 집중력을 키우는 교구, 아동의 상호작용을 촉진하기 위한 혼합 연령의 반 편성 등, 환경에 대한 배려에 특히 힘을 기울였다.

몬테소리의 이념은 세계적으로 널리 공감을 얻어 1929년에는 국제 몬테소리협회가 설립되었다. 현재는 몬테소리 방식에 의한 학교나 프로그램, 교원양성, 교재가 세계 각지에 널리 전개되고 있다.

6) 우리나라 유치원의 역사

우리나라 최초의 유치원의 기점을 어디로 하는가는 학자마다 의견의 차이가 있다. 그러나 대체로 유치원이라는 명칭을 갖고 처음 설립된 것으로서, 1897년 부산유치원을 유치원 설립의 효시로 보고 있다. 하지만 이는 일본인에 의해 일본인을 위해 설립된 유치원이었다.

따라서 1913년에 설립된 경성유치원이 한국인에 의해 설립되고, 한국인 자녀를 대상으로 한 최초의 유치원이라 말할 수 있을 것이다. 그러나 이 유치원도 또한 조선총독부의 지원하에 설립되었다는 점에서 순수하게 한국인의 민족정기를 고취하고 계승하고자 하는 목적은 아니었다고 할 수 있다.

그러한 순수한 목적의 유치원의 효시는 1916년 박희도에 의해 설립된 중앙유치원을 들어야 할 것이다. 이 유치원의 설립 정신은 '장래의 조선을 위하여 일 잘하고 잘 싸울 용사를 양성하는 기관을 설치'하는 것이었다.

해방이 되고, 미군정 시대가 되자, 군정법령 제64호에 의해 문교부 보통교육국 초등교육과에 유치원 담당업무를 규정하게 되었다. 그 후 미군정 시대가 끝나고 대한민국 정부가 수립되게 되면서, 1949년에 교육법에 의해 유아교육의 법적 근거를 마련하였고, 1952년에는 유치원 설립인가에 관한 법적 준거를 마련하게 되었다. 그러다 1969년에 이르러서야 최초로 언어, 사회, 건강, 자연, 예능의 교과영역으로 구성된 최초의 유치원 교육과정령을 제정하게 되었다. 그러나 1970년대까지 유치원 취원율은 2% 수준에 머물렀다.

1981년 제5공화국의 시대에 접어들어서야, 유아교육을 활성화하는 정책적 지원에 힘입어 유치원의 수가 급증하였고, 1982년에는 유아교육의 진흥을 위한 의회의 입법으로 유아교육진흥법을 제정 공포

〈표 3-1〉 1980년대 이전의 유치원 · 보육 시설의 시설 수 · 취원율(개소 · %)

유치원			보육 시설	
시설 수(증가율)		취원율	시설 수(증가율)	취원율
1960	336※1	–	24	–
1966	448(1.3)	1.1	116(4.8)	0.5
1970	484(1.1)	1.3	377(3.3)	1.7
1975	611(1.3)	1.7	591(1.6)	2.2
1980	901(1.5)	4.3	657(1.1)	2.7

하게 되었다. 1986년도에는 취원율이 57.1(5세 유아)%에 이르게 되었고 그 이후 6차에 걸친 유치원 교육과정 개정을 거쳐 오늘에 이르고 있다.

7) 우리나라 보육시설의 역사

우리나라에서는 1921년 최초로 서울의 태화기독교 사회관에서 탁아 프로그램을 실시하였다. 1950년대에는 한국전쟁을 겪으면서 많은 전쟁고아가 발생하였고, 피난민이 집결된 부산에서 '범일 탁아소'를 비롯하여 여러 탁아시설이 생겨났다. 1960년대는 탁아소가 보다 확장되었다. 그러던 중 1968년에 보건사회부가 미인가 탁아시설 임시조치령을 공포하여 민간 탁아시설의 설립을 적극 장려하였고, 일제시대의 탁아소 명칭을 '어린이집'으로 부르게 되었다.

한편 어린이집의 급격한 증가가 시설환경, 교사 자격 등 여러 가지 질적 문제를 불러일으키게 되자 보건복지부는 어린이집의 질적 향상을 위하여 1977년 보건사회부에서 사회복지사업법 시행규칙 제62조항을 개정하여 모든 탁아시설의 법인화를 촉구하면서 '미인가 탁아시설 임시조치령'을 폐기하였다.

이어 제5공화국 시절에는 1981년 이후 유아교육진흥 5개년 계획을 확정하여 종래의 내무부 관장의 새마을 유아원, 보건사회부 산하의 어린이집, 농촌진흥청 산하의 농번기 탁아소를 통합하여 새마을 협동 유아원으로 운영하게 됨으로써, 유치원과 함께 새마을 협동 유아원이 유아교육시설기관으로 통일되게 되었다.

1988년 제6공화국에 접어들어서는 탁아에 대한 요구가 크게 사회적 문제로 대두되게 되었다. 따라서 1989년 아동복지법을 개정하여 탁아시설의 법적 근거를 부활시키고, 보건사회부 훈령으로 「탁아시설의설치운영규정」을 제정하여 1982년 삭제된 탁아시설을 부활, 탁아 서비스를 대대적으로 확충하고자 시도하였다.

그러다가 1991년 드디어 독립 법안인 「영유아보육법」이 제정 공포됨에 따라 그동안 유아교육기관으로 일원화되었던 새마을 협동 유아원이 다시 보건사회부의 '어린이집'으로 복귀되었다. 이 영유아보육법에 따라 우리나라의 유아교육 체제는 교육부 관할의 유치원과 보건사회부 관할의 보육시설 등으로 이분화되었다.

그 뒤 「영유아보육법」은 10여 년이 지난 뒤 보육담당 부처를 보건복지부에서 여성가족부로 이관하는 부처의 이동이 이루어졌다. 이는 보육업무의 해결이 여성의 입장에서 매우 절박한 문제라는 점, 육아와 직업생활을 병립하기 어렵다고 보는 대다수의 여성들이 출산을 포기함으로써 출산율이 점점 떨어지고 있는 점, 보육정책을 새로운 가치에서 여성, 아동, 가족, 노동의 문제와 연계해서 다중적인 시각으로 풀어나가고자 하는 의도가 담겨 있다고 볼 수 있다. 그리고 2004년 영유아보육법이 새로이 개정된 이래로 현재에 이르고 있다.

3. 세계적인 유아교육 · 보육 프로그램

유아를 가정 밖의 시설에서 교육 혹은 보육하게 된 역사는 대략 220년이다. 지난 2세기 사이에 여러 유아교육 · 보육 프로그램이 실험적으로 또는 이상을 좇아서 생겨났다. 여기서는 그러한 유아교육 · 보육의 프로그램 가운데서도 현재의 프로그램의 원형이 된 것과 현재도 진행 중인 새로운 프로그램을 다루어 보고자 한다.

1) 원류 유치원, 프뢰벨 유치원

최초의 프뢰벨의 유치원에는 오늘날과 같이 연령별 학급편성이 있었던 것은 아니다. 놀이집단에는 어머니에게 안겨서 온 1세 유아부터 초등학교에서 돌아와 참가하는 7, 8세 아동들도 있었다고 여겨진다. 교육내용은 크게 나누면 ① 교구(가베: Gabe, Spielgabe, 하나님이 내려주신 거룩하고 은혜로운 선물이라는 의미로 프뢰벨이 이름 지었다.)에 의한 놀이와 작업교구에 의한 활동, ② 노래에 따라 신체표현이나 공을 사용하는 운동놀이, ③ 화단에서 야채, 곡물, 꽃 가꾸기, ④ 산책, ⑤ 이야기 나누기가 있었다.

교구를 가지고 노는 놀이는 아동의 연령에 따라 체계화된 것이다.

제1가베는 아기부터 놀 수 있는 교구였다. 프뢰벨은 가늘게 만든 공으로 놀 수 있는 방법을 그림으로 설명하였다. 제1가베는 1, 2세용의 교구다.

제3가베부터 제6가베는 적목이다. 프뢰벨은 적목놀이를 세 가지 계열로 생각하였다. 첫 번째는 적목을 여러 가지로 쌓거나 두는 방법

[그림 3-4] 은 물

으로 조작하여 수량의 인식력을 키우는 놀이, 두 번째는 유아가 생활에서 발견한 것을 적목으로 재현하는 놀이, 세 번째는 적목으로 모양을 만드는 놀이였다.

작업교구를 가지고 하는 수작업은 놀이를 통하여 장래의 생업에 연결시킬 수 있는 것을 기대하는 활동으로 구성되어 있었다.

운동놀이는, 예를 들면 둥글게 모여 노래하고 신체동작을 하는 것으로, 오늘날의 유치원의 '신체표현'에 그 형태가 계승되고 있다.

프뢰벨의 유치원에서는 성인과 유아들이 함께 본격적인 화단 만들기를 실천하였다. 오늘날에는 대부분의 유치원에 화단이나 밭이 있어서 식물이나 수경재배를 하는 것을 볼 수 있다. 이것은 프뢰벨의 유치원에서 계승시킨 것이다.

유아들은 동네를 산책하면서 가까운 자연과 호흡하고, 산책에서 경험했던 것을 놀이화한다든지 '이야기하기'에 끌어들여 오곤 하였다.

유치원이 독일부터 세계 각지에 보급됨에 따라, 보육의 형태와 보육내용은 그 지방의 문화와 융합되면서 조금씩 변용되었다. 프뢰벨의 놀이이론은 실제 유치원이 창설될 때에는, 그 지역에 모인 아동들의 수나 연령, 은물의 공급 상황에 따라서 다른 모습이 되곤 하였다. 프뢰벨의 의도와 달리 4, 5세의 아동에게 제1가베를 주어 놀이하게 하는 일도 일어났다. 프뢰벨이 사망한 후 유치원운동은 계속 계승되었고, 1860년대의 후반에는 은물 등이 한층 더 체계화되었다.

프뢰벨 유치원이 훨씬 더 활발하게 보급되게 된 곳은 신대륙 미국에서였다. 1870년대 초에 슈타이거 출판사가 유치원 관계의 출판물과 '20은물(twenty gifts)'의 제조 판매에 나서게 된 것이 미국의 유치원 운동에 박차를 가하는 계기가 되었다. 초창기의 우리나라의 유치원은, 독일의 프뢰벨에서 시작된 것을 미국의 유치원운동과 일본을 경유하여 전달된 것이었다고 말할 수 있다.

2) 몬테소리 아동의 집

프뢰벨의 킨더가르텐으로부터 67년 후인 1907년, 이탈리아 로마의 빈곤계층지역(산 로렌초 지구)에 있는 공동주택에서 몬테소리가 '아동의 집(Casa de Bambini)'을 개설하였다. 이곳에서의 독특한 프로그램과 그 성과는 세계의 주목을 받고 제2차세계대전을 지나서 현재까지도 그녀의 사상을 따르는 실천이 계속되고 있다.

몬테소리는 로마 대학교에서 의학을 공부하고, 의사로서 정신질환자나 지적장애아의 치료에 몰두하고 있었다. 도시개발계획의 일환으로 공동주택의 개보수가 진행되고 있었는데 몬테소리는 그 주택의 일부를 아동들의 교육을 위해 위탁받았다.

당시 이탈리아에는 인류학이나 과학적 교육학 분야에서 학문적 진전이 이루어지고 있었다. 몬테소리는 이러한 학문을 비판적으로 검토하고, 의학연구와 지적 장애치료교육을 참고해 가면서 새로운 과학적 교육방법을 만들었다. 그리고 그것을 '아동의 집'에 적용하였다.

그곳에 사는 아동들의 주변 환경은 오염된 공동주택의 벽과 계단과 도로만 있을 뿐, 아름다운 가구나 장식, 완구, 책과 같은 문화적인 것은 아무 곳에도 없었다. 그 지역에 사는 성인 중에는 병자, 실업자, 일용직 노동자, 근로자, 그리고 그중에는 범죄자도 있어서 아동의 교육에 여유를 갖고 관여하는 부모들이 적었다.

이와 같이 아무것도 없는 곳에서 몬테소리는 3~7세의 아동을 모아서 교육을 시작하였다. 아동들은 영양상태가 나빴고, 위생적인 생활습관이 몸에 배어 있지 않았다. 행동에는 절제가 없고, 벽을 더럽

히고, 장난을 쳐서 주위에 말썽을 일으키곤 하였다. 몬테소리는 곧 환경을 정비하고, 교구를 만들고, 아동의 마음이 집중할 수 있는 것을 준비하게 되었다. 아동의 정신발달의 기초에는 감각기관의 발달이 있다고 막연하게 생각하고 있던 그녀는 장애아의 교육에서 성과를 얻었던 이타르(J. Itard, 1774~1838)와 세강(E. Seguin, 1812~1880)의 저서를 공부하고 특히, 장애아들을 위한 감각교구를 참고하여 교구를 개발하였다.

[그림 3-5] 몬테소리 교구를 사용해 놀이하고 있는 유아

'아동의 집'에는 시각, 청각, 촉각 등의 감각교육에서부터 독서산, 실제생활의 연습에 이르는 다종의 교구가 교실 선반에 놓여 있어서, 아동이 자유롭게 선택하여 배우도록 되어 있었다.

'아동의 집'은 아동들이 하루를 완전히 보내는 곳이기 때문에 보육에 맞는 시설이라 할 수 있었다. 아동이 주인공으로서 생활할 수 있도록 청소, 세탁, 식사 등의 요구나 설비가 아동에 맞게 제작되어 있었다. 또한 '단추 채우기'나 '실 묶기'의 기술을 연습할 수 있는 교구도 준비되었다.

‘읽기 쓰기’와 관련된 ‘모래 종이의 문자 모양 따라하기’, 여러 가지의 모양을 색연필로 따라 하는 ‘형태 만들기’와 같은 교구에 의한 다양한 활동을 하다 보면 자신도 모르게 스스로 학습하도록 되어 있었다.

‘아동의 집’의 프로그램은 1세기를 지난 오늘에도 유럽이나 아시아의 각지에서 실천되고 있다. 그렇다면 몬테소리의 유아교육에서 제기하고 있는 본질적인 원리는 무엇인가? 몬테소리는 아동의 정신을 활동적인 것으로 파악하고, 그 활동욕구에 일치하도록 환경을 구성하고, 아동의 정신활동이 요구하는 바를 만족시킬 수 있는 교구를 고안한 것이었다. 아동의 정신이 자발적으로 환경과 상호작용한다는 것은 현대의 정신발달 이론에서도 밝혀지고 있다.

교구는 환경의 하나다. 순서대로 크기가 배열된 둥근 기둥을 꼭 맞는 구멍에 집어넣는 ‘둥근기둥 배열하기’의 교구가 3세 아동의 마음을 사로잡는다. 아동은 둥근 기둥을 전부 꺼내서 구멍에 맞추어 넣는 활동을 시작한다. 규칙에 맞게 제대로 넣고자 하는 것은 아동의 내적 욕구이기도 하다. 크기가 맞지 않는 구멍에 넣을 때는 교구가 아동에게 잘못을 가르치며, 정정을 요구한다. 아동의 요구와 일치하는 교구(환경)와 우연히 마주친다면 아동의 마음은 환경에 집중한다.

몬테소리는 이것을 ‘집중현상(mind concentration)’이라 하였다. 아동은 이런 교구에 집중하게 되고, 이것을 완전히 통달하고 나면 다른 교구를 찾아간다. 이런 식으로 자기학습(self-directed learning)이 일어나는 것이다.

아동이 스스로 환경을 조작할 수 있게 되면 생활의 기술을 획득하게 되는 것이다. 이렇게 하여 아동은 자기선택과 자기학습을 할 수 있는 자립적인 힘을 가진 아동이 되어 가는 것이다.

3) 미국의 개방교육

미국에서는 1950년대 말부터 1960년대에 걸쳐 연방정부의 '빈곤과의 전쟁' 정책의 일환으로 '헤드스타트 프로그램'이 진행되었다. 이것을 발단으로 하여 유아교육 운동이 확산되는 계기가 되었다. 또한 이를 계기로 빈곤계층이나 소수민족 유아의 지적 발달을 촉진하고 학업능력을 향상시키기 위한 여러 가지 프로그램이 개발되었다. 몬테소리의 교육 방법도 재평가되어 각지에서 실시되었다.

그러다가 1970년대에 들어와서는 일부의 유아를 대상으로 단기적으로 큰 성과를 올리는 프로그램보다는 많은 아동이 주체적으로 학습하는 힘을 갖는 전인적 프로그램을 요구하게 되었다. 그때 등장한 것이 개방교육(오픈 에듀케이션)이다. 이즈음의 초등학교에서는 아동을 책걸상에 앉혀 두고 획일적으로 가르치는 수업이 일반적으로 실시되고 있었다. 초등학교의 저학년에 포함된 유치원 학급도 이러한 일제식 활동이 주를 이루었다.

개방교육은 아동을 외부환경에 대하여 개방된 존재로 바라본다. 이 교육에서는 아동 자신의 배우는 힘을 존중하고, 학습 내용을 가르치되 한 사람 한 사람이 자기학습을 계속할 수 있게 만들어 간다. 또한 여기서 목표로 하는 아동상은 지적으로 우수할 뿐 아니라 정서와 사회성 측면도 발달되어 있고, 자기표현을 할 수 있는 전인적 발달(total development)을 지향해 가는 아동이다.

개방교육은 그 이름이 말해 주듯이 닫혀져 있던 교실공간을 가능한 한 개방시키고 넓은 공간에서 자유롭게 활동할 수 있게 한다. 그리고 그곳에 센터 혹은 영역이나 코너를 설치하여, 아동이 스스로 선택한 영역에서 활동하도록 하는 교육 방식을 택하고 있다.

아동의 활동은 놀이(play)이기도 하고 일(work)이기도 하다. '극놀이 영역'에는 여러 다양한 의상이나 소도구가 있고 아동은 이야기의 인물처럼 옷을 입으며 논다. '목공놀이 영역'에는 나무 조각, 톱, 쇠붙이조각, 나무못이 준비되어 있어서 두 명의 아이가 배를 만들고 있다. '그리기 영역'에서는 책꽂이에서 좋아하는 그림책을 꺼내 들고, 글자를 더듬어가며 읽고 있는 5세 유아가 있다. '과학실험 영역'에는 자석이나 저울을 갖고 무언가를 말하면서 실험하고 있는 4~5세의 유아가 있다.

교사는 모든 영역의 상황과 각각의 아동을 파악하고, 아동이 도움을 필요로 하는 때를 관찰하고 있다가 적절한 지도를 한다. 하루의 일과가 끝날 때가 되면, 아동들은 전원이 모여서 어떤 영역에서 어떤 활동을 했고, 무엇이 가능했는지를 함께 이야기한다. 교사는 아동의 하루의 활동을 파악할 뿐만 아니라 정확하게 평가하여 다음에는 어떤 영역을 아동에게 권장할 것인가를 생각한다. 그리고 그에 따라 아동의 학습 상황을 준비하고 연구한다.

1970년대에 시작된 개방교육의 프로그램은 학교의 상황에 따라서 완전히 개방된 방식에서 약간 개방된 것까지 여러 가지였다. 이 방식은 유아기의 학습과 교육에 맞는 것이었기 때문에 오늘날의 유아교육에 있어서는 굳이 '오픈 방식'이라 이름 부를 필요도 없을 정도로 일반적인 프로그램으로서 널리 퍼져 있다. 바꾸어 말하면, 5, 6세 유아를 책상과 의자에 속박하여 일제히 가르치는 방식은 낡은 교육 형태로서 더 이상 통용되지 않게 된 것이다.

4) 영국의 비형식교육

영국은 일찍부터 유아를 유아학교에 입학시켜, 독서산과 도덕을 가르쳐 온 오랜 역사를 가진 나라였다. 그러다가 유아기에 맞는 교육 · 보육 프로그램이 19세기 말부터 20세기의 신교육 운동의 일환으로 전개되었다.

맥밀란(M. McMillan, 1860~1931)은 유아의 건강을 위한 보호와, 놀이를 통한 교육을 합친 보육학교(nursery school)를 창설하여 보육학교운동을 일으켰다.

1967년 정부의 자문위원회는 초등교육개혁에 관하여 정리한 '프라우덴 보고'에서, 유년기의 교육에 걸맞은 것으로 비형식교육(인포멀 에듀케이션)을 제창하였다.

비형식교육이란 '전인적 존재로서의 아동(the whole child)'의 '자아형성'을 목적으로, 다양한 형태의 아동의 주체적인 학습을 촉진하는 교육을 말한다. 교육내용은 아동의 연령에 맞추어 조직화된 독서산 교재에 의한 개별학습, 자연과학과 사회과학분야에서의 탐구학습, 극놀이, 연극, 음악, 신체운동, 회화 등에 의한 표현활동 등이다. 환경구성은 가능한 한 개방된 공간에서 활동 내용별로 코너나 테이블을 설정하여 놀잇감이나 교재를 준비하고 아동 자신이 활동을 이끌어 내도록 되어 있다.

개방교육과 비형식교육은 같은 방향을 목표로 한 프로그램이다. 미국의 개방교육 운동이, 영국의 초등교육개혁으로부터 배운 것이라고 이야기되고 있다.

5) 이탈리아의 레지오 에밀리아 교육

유아교육 프로그램은 유아가 현실의 사회문화적 환경과 주체적으로 상호작용 하면서 유아 나름대로의 방법으로 외부환경을 배울 수 있도록 해야 한다. 이러한 관점에서 새롭게 생긴 것이 이탈리아의 레지오 에밀리아 시의 유아교육 실천이다. 그리고 그것을 미국의 유아교육 프로그램에 적용시키기 위하여 모색하고 있는 것이 프로젝트 접근법이다.

이탈리아 북부의 레지오 에밀리아 시에, 3~6세의 아동이 다니는 공립 프리스쿨의 유아교육실천이 1980년대부터 1990년대에 걸쳐 유럽이나 미국의 이목을 집중시켰다. 이것은 간단히 말하자면, 아동중심(child-centered)의 프로그램이다. 교사는 아동이 자연적인 학습, 신체감각을 활용하는 상징적 표현을 통해 배우는 것을 도우면서 아동의 학습을 촉진하는 프로그램을 전개해 간다.

레지오 에밀리아 시의 실천을 유명하게 만든 '점토로 사자 석상 만들기' 프로젝트를 예로 들어보자.

레지오 에밀리아 시의 중심 광장에 자리하고 있는 낡은 교회의 석단에는 사자 석상이 세워져 있다. 아동들은 자주 광장에 나가기 때문에 광장의 시장이나 사자 석상에 친숙해져 있었다. 이 거리는 로마시대의 요새로 오랜 역사를 가지고 있다.

아동들은 레지오 에밀리아 시의 광장에 있는 사자상을 관찰하러 가고, 직접 이것을 소묘하게 된다. 관찰을 위하여 여러 가지 아이디어가 도입된다. 바라보거나, 올라가보거나, 만져보거나, 쓰다듬어보거나, 측량하거나, 그림자를 종이에 비쳐 묘사하거나, 사자 석상에 말을 걸거나, 질문을 하는 아동의 모습도 보인다. 아동들의 다양한

[그림 3-6] 레지오 에밀리아 시의 중심 광장

방법은 아무에게도 제한되지 않고 다양하게 전개된다. 유아들은 '백가지 언어(hundred languages)'를 사용하여 대상을 표현해 가면서 대상의 본질에 관하여 배워간다.

관찰 및 조사 결과를 집으로 가지고 가는 아동들은 더욱더 흥미를 넓혀 간다. 서로의 생각을 이야기하고 토론한다. 사자 석상 만들기는 여러 도구가 사용되었다. 빵 반죽이나 점토, 종이, 연필, 그림도구 등이다. 또한 그림자 그림, 댄스의 창작도 있었다. 그 작품은 상당히 세밀한 부분까지 묘사되고 있다. 작업 과정에서는 아동들, 교사, 그 외에 예술교사(아틀리에스타: 레지오 에밀리아 시의 유치원에 배치되어 있는 예술전문교사)가 서로의 대화를 잘 듣고, 스스로의 의견을 자유롭게 함께 이야기하고, 질문이나 의견을 교환한다.

이런 활동이 가능한 배경에는 아동의 표현하고자 하는 동기에 대응할 수 있는 다양한 교재와 환경이 준비되어 있다는 점이다. 그리고 그 위에 전문가에 의한 기술적 지원이 있었다는 점을 간과해서는 안 된다. 또 그 이상으로 아동이 다양한 의견을 자유로이 말하고, 서로의 의견을 듣고, 서로가 솔직하게 질문하는 것이 가능한 긍정적인 분위기, 자신과 다른 표현을 환영하는 환경이 있었던 것이다.

이탈리아와 사회문화적 배경이 다른 미국은 신속하게 레지오 에밀리아 시의 방식을 도입하여 프로젝트 접근법으로 적용하고 있다. 그리고 이것은 미국의 생활문화에 맞는 방식으로 시험되고 있다. 우리나라의 유아교육실천에서도 이와 같은 프로젝트 접근법이 소개되어 나름대로의 방식으로 소화되고 있다.

6) 프로젝트 접근법

프로젝트 접근법이란 개별 유아 또는 소집단의 유아들이 교사의 지도와 안내를 받으며, 학습할 가치가 있는 특정 주제에 대해 심층적으로 공동 연구하는 교수 학습 방법을 말한다(Katz & Chard, 2000). 이것은 1920년대 듀이의 제자였던 킬패트릭(W. Kilpatrick, 1871~1965)에 의해 주창되었다.

그러다가 1990년대 이탈리아의 레지오 에밀리아 시의 유아교육실천을 미국의 유아교육 프로그램에 적용시키기 위하여 캐츠와 차드에 의해 새롭게 모색하게 된 것이 프로젝트 접근법이다. 캐츠와 차드는 프로젝트 접근법의 교육목표를 지식과 기술을 획득하고 성향과 감정을 배양하는 것이라고 하였다.

프로젝트 접근법에서는 긍정적 감정을 키워 가는 것을 목표로 하는데, 이때의 긍정적 감정이란 수용감, 자신감, 소속감, 안정감, 유대감, 상호의존감 등과 같이 집단생활을 하는 가운데 주관적으로 느끼는 긍정적 정서 상태를 말하는 것이다.

프로젝트의 진행은 대개 다음과 같은 세 가지 단계로 이어진다.

첫째, 계획 및 시작 단계다. 즉, 프로젝트 활동을 위한 주제 선정의 단계다. 교사는 유아들과의 토의 과정을 통해 유아가 관심과 흥미를 가지고 있는 것들을 충분히 파악한 후 유아들이 공동연구를 통해 해결할 수 있는 적합한 주제를 선정한다.

둘째, 탐색과 표상활동 단계다. 주제를 해결하기 위해 주변 환경을 탐색하고, 탐색한 내용을 유아 상호간 토의 활동을 통해 확인하고, 확인된 결과를 표상활동을 통해 나타내는 단계다. 유아들은 지역사회의 특정 장소를 견학한다거나, 사물이나 사건 등을 직접 관찰하고 탐색한다. 탐색하고 발견된 내용은 그리기, 쓰기, 읽기, 그래프, 도면, 도표, 벽의 장식, 모형 만들기, 극놀이 등 다양한 방법으로 표상하여 나타낸다.

셋째, 마무리 전시 및 평가 단계다. 즉, 프로젝트를 마무리하고 최종 결과물을 발표하고 평가하는 단계다. 프로젝트 활동을 통해 학습한 결과물을 교실의 벽이나 선반에 전시한다. 유아들은 프로젝트 수행에서 얻는 결과물을 전시하면서, 초대된 사람들에게 프로젝트 활동을 하는 동안 무엇을 배우고 어떻게 배웠으며 어떠한 절차를 밟았는가를 설명한다. 이런 과정에서 유아는 상호 교류 및 정보 공유의 시간을 갖는다.

프로젝트 접근법은 비구조적인 것이 아니다. 그러나 그 구조는 복잡하지만 융통성이 있다. 교사와 아동이 상호작용하는 가운데 이루어지는 여러 가지 구조적 특성이 있고, 이러한 구조적 특성에 따라 아동의 흥미와 요구에 부응하는 것이 될 수 있는 것이다. 즉, 프로젝트 접근법이란 각 아동들이 실생활에서 가져오는 경험과 관심뿐 아니라 교사의 관심과 전문성까지 반영되는 것이라고 할 수 있다. 트럭, 나비, 잠자리, 수돗물, 올림픽 등 어떠한 경험이나 관심도 주제로 도입될 수 있다.

그러므로 프로젝트에 대한 지나친 일반화는 바람직하지 않다고 할 수 있다. 프로젝트 접근법이 비교적 구조화된 절차를 제시하고 있지만 그것은 반드시 따라야 하는 것이라기보다는 가능한 최소한의 지침이라고 보는 것이 합당할 것이다.

▌참고문헌 ▌

곽노의, 홍순정(2004). 유아교육사상. 서울: 문음사.

김희진, 오문자 공역(1996). 어린이들의 수많은 언어, 레지오 에밀리아의 유아교육(에드워드, 간디니, 포먼 공저). 서울: 정민사.

白川蓉子, 北野幸子, 奥山登美子, 稱壇由子(2004).『育ち會う乳幼兒教育保育』. 有斐閣コンパクト.

Clarke-Stewart, A., & Allhusen, V. D. (2005). *What We Know About Childcare.* Harvard University Press.

Essa, E. L. (2003). *Introduction to Early Childhood Education.* Clifton Park, NY: Thomson/Delmar Learning.

Hendrick, J. (Eds.) (1999). 레지오 접근법의 첫걸음(이연섭 역). 서울: 정민사.

Katz, L. (1994). Perspectives on the Quality of Childhood Program. *Phi Delta Kappan, 76*(3), 200-205.

Katz, G. L., & Chard, C. S. (2000). *Engaging Children's Minds: The Project Approach.* Westport: Abex Publishing.

Lillard, P. P. (1973). *Montessori: A Modern Approach.* NewYork: Schocken Books.

Nourot, P. M. (2000). Historical Perspectives on Early Childhood Education. In J. L. Roopnarine, & J. E. Johnson (Eds.), *Approachs to Early Childhood Education.* NJ: Merrill/Prentice Hall.

Roopnarine, J. L., & Johnson, J. E. (2004). *Approaches to early childhood education.* Upper Saddle River, NJ: Prentice Hall.

Schäfer, J. (1987). Geschichte der Vorschulerziehurg, Verlag Peter Lang Gmbh.

Standing, E. M. (1984). *Maria Montessori: Her Life and Work* (Rev. ed.). New

York: New American Library.

Taylor, B. J. (2002). *Early Childhood Program Management* (4th ed.). N.J.: Merrill Prentice-Hall.

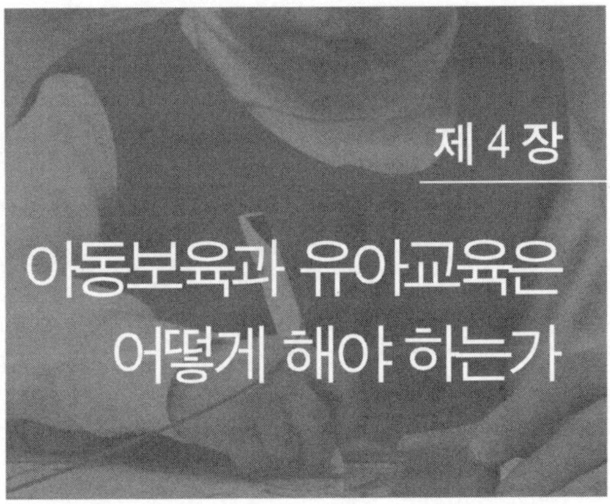

제 4 장

아동보육과 유아교육은 어떻게 해야 하는가

제4장_ 아동보육과 유아교육은 어떻게 해야 하는가

1. 건강과 영양의 토대

소아의학적으로는 만 15세 미만을 소아라고 부르고, 출생 전기(수정에서 출생까지), 신생아기(생후 1개월까지), 영아기(만 1세까지), 유아기(1~6세), 학령기, 사춘기로 구분하고 있다.

세상에 태어난 아동은 몸과 마음이 건전한 인간으로 성장, 발달해 가기 위하여 건강에 대한 보호와 증진이 보장되지 않으면 안 된다.

3세 미만의 유아가 어린이집에서 생활하게 될 경우, 영유아의 건강한 생활을 위해서 시설 설비의 최저 기준, 건강관리의 중요성, 직원의 배치 기준이나 운영 등이 규정되어 있다. 또한 위생관리, 영양, 급식, 건강진단 등을 철저히 하도록 규정하고 있다. 그 외에도 일상생활에서의 보건활동도 철저히 하도록 하고 있는데, 예방접종, 질병에 관한 이해와 대응, 만성질환 아동에 대한 대응, 사고방지 등이 포함된다.

1) 영유아의 건강상태의 평가

영유아기는 신장, 체중, 머리둘레 등이 급속히 발달하는 시기다. 정기적으로 이를 측정하고 표준적인 성장과 비교하는 것이 필요하다. 표준적인 성장과 비교해서 현저하게 늦어지고 있다면 건강하다고 말할 수 없다. 또한 아동 한 사람 한 사람의 성장방식을 주의 깊게 관찰하는 것도 중요한데, 지나치게 표준보다 늦어지는 경우가 아니라면 개인차가 있으므로 기다리고 지켜보는 것도 필요하다.

영유아의 건강상태 중 몸의 전반적 상태를 파악하는 것이 무엇보다 우선되어야 한다. 영유아는 자신의 몸 상태를 스스로 호소하는 것이 어렵다. 따라서 주위의 보육자는 영유아의 전신 상태를 살펴봄으로써 건강상태를 파악하지 않으면 안 된다. 잘 어울려 노는 정도, 얼굴색이나 피부색, 식사를 하는 방식 등, 하루 중 아동의 상태가 변화를 보이는 때에 주의한다.

다음으로, 일상생활에서의 생리현상에 대한 평가를 해야 한다. 영유아의 생리현상이란 체온, 호흡, 맥박, 배변, 배뇨와 같은 생체의 상황을 말한다. 이 시기에는 스스로 병의 증상을 호소하는 것이 불가능하기 때문에 생리상황을 파악하는 것이 필요하다. 체온은 연령에 따라 조금씩 다르며, 또한 측정하는 시간대에 따라서도 변화한다. 영유아가 열이 날 경우 감염과 같은 질환이 아닌지를 의심해야 하는데, 일사병 등도 생각해 보아야 한다.

또는 이 시기는 체온조절이 미숙하기 때문에, 갑자가 더워질 때 체내에 생기는 열을 체외에 방출할 수 없어서 나타나는 결과일 수도 있다. 또 정상체온도 일반 성인에 비해 약간 높기 때문에, 37.5도 정도까지는 반드시 발열이라고 판단하지 않아도 좋다.

호흡은 호흡중추에 의해 조절된다. 수면 중에는 일정하고 규칙적인 리듬으로 호흡이 이루어지지만, 영유아의 경우 호흡중추가 미숙하기 때문에 약간 불규칙적이다. 영유아의 호흡은 횡경막을 사용한 복식호흡이지만, 3세가 지나면서 흉식호흡으로 변화되어 간다. 영유아기는 호흡 수가 분당 약 30회 정도이지만, 운동 등 대사가 활발하게 되면 호흡 수가 증가하고, 산소를 더 많이 필요로 하게 된다. 감염증 등 질병에 걸린 경우에도 신체 대사가 활발해져 호흡 수가 증가한다. 또한 호흡기 계통에 문제가 생기는 때에도 호흡 수가 증가한다.

배변과 변성, 배변습관에 대해서도 관찰이 필요하다. 모유를 수유하는 영아의 경우는 하루에 여러 번 배변을 하는 경우도 많다. 하루 중 배변상황이 심하게 변할 때는 주의할 필요가 있다.

2) 영유아의 생활과 영양

태어난 직후의 신생아기부터 영유아기는 활발한 성장과 발달이 이루어지는 시기로, 영양, 즉 식생활은 매우 중요하다. 현대는 과잉영양섭취의 시대라고 할 수 있는데, 특히 영유아기는 편중된 식생활이 되지 않도록 유의하는 것이 무엇보다 중요하다. 즉, 이 시기의 식생활의 습관이 평생의 영양과 건강을 좌우한다는 것을 유념할 필요가 있다.

필요한 영양소로서는 지방, 단백질, 탄수화물, 무기질과 비타민류 등이다. 지방은 리놀산이나 리놀레산 등이 체내에서 합성되지 않기 때문에 반드시 음식물을 통해 섭취되지 않으면 안 된다. 그래서 이런 것들을 필수지방산이라고 부른다. 모유나 인공유는 총 칼로리에 대한 지방의 비율이 45%이고, 영유아의 에너지원으로서 지방이 중요한 역할을 담당하고 있다.

단백질은 신체를 구성해 주는 반드시 필요한 영양소이고, 아미노산으로 구성되어 있다. 발린, 류신, 트립토판 등은 체내에서 합성되지 않아서, 식사를 통하여 섭취하지 않으면 안 된다. 이와 같은 아미노산을 필수아미노산이라 하는데, 여기에는 8종류가 있다. 8종류의 필수아미노산 전부가 균형 있게 충분히 포함되어 있는 경우, 그 단백질의 아미노산 점수는 100이고, 제일 좋은 단백질로 평가된다. 주로 동물성단백질에 아미노산이 많이 포함되어 있지만 유아의 경우는 모유가 이상적인 성분이라 할 수 있다. 식품으로서는 우유, 치즈, 계란 흰자나 대두 등이 양질의 단백질을 함유하고 있다.

당류, 섬유질 등을 총칭하는 탄수화물은, 주로 간이나 근육에 축적되어 있다가 필요한 때 에너지원으로서 방출되고, 단백질이나 지방으로 전환된다. 탄수화물은 부족하면 활력이 저하되지만, 섭취가 많으면 지방으로 전환되어 피하지방으로 쌓여서 비만의 원인이 된다.

무기질은 미네랄이라고도 부르고 칼슘, 인, 나트륨, 칼륨, 철, 구리, 아연 등이다. 칼슘은 뼈나 치아의 성분이 되지만, 운동을 하는 정도에 따라 뼈에 축적되고 뼈를 강하게 하므로 운동도 중요한 요소다. 철은 혈액 중의 혈색소의 성분으로 전신에 산소를 운반하는 중요한 역할을 담당한다. 철이 부족하면 몸이 노곤하고 쉽게 피로해지는 증상이 나타난다. 철분은 우유나 어육, 대두 등에 많이 함유되어 있으나 흡수율에는 차이가 있다. 시금치에 철분이 많이 있지만 그 흡수율은 쇠고기의 20분의 1이다. 아연의 부족은 성장에 영향을 주는데 특히 신장의 성장에 나쁜 영향을 주고, 피부염이나 탈모의 원인이 된다.

3) 간식의 즐거움

유아는 운동량이 많기 때문에 에너지의 필요량이 많다. 그러나 그에 비해 위의 용량이 적은 편이라 하루 세 번의 식사만으로는 충분한 칼로리를 섭취하는 것이 불가능하다. 따라서 반드시 간식이 필요하다. 간식으로서 하루 필요 칼로리의 5분의 1 정도를 주는 것이 적당하다.

간식은 에너지원의 보급으로서의 의미뿐 아니라 유아에게 기쁨과 즐거움을 준다는 의미에서도, 1일 2회를 주는 것이 적당하다. 시간과 양을 적당하게 정하고, 너무 달지 않은 것으로 소화가 잘 되는 탄수화물이나 단백질을 주는 것이 좋다. 과일 등을 주는 것도 적당하다. 수분을 보충하는 것도 중요하지만 주스나 우유에 치우치지 않게 물이나 보리차를 주는 것이 좋다.

어린이집에서 하루의 대부분을 보내는 3세 미만 유아에게는 식사, 배설, 수면, 등의 기본적 생활을 통한 건강의 중요성은 아무리 강조해도 지나치지 않다. 3세 미만은 발육이 매우 급속하게 이루어지는 시기이기 때문에 여러 면의 발육에서 세심한 주의를 기울이지 않으면 안 된다.

2. 영유아보육론

1) 애정적인 상호관계

3세 미만아의 보육에서 중요한 사항은 친근한 사람과의 기본적 신뢰감을 형성하는 것과, 자신에 대한 긍정적인 감정을 뿌리내리는 것이다. 어린이집에서 긴 시간을 생활하는 아기에게 교사는 부모 다음으로 의존하는 존재이고 동시에 관심과 애정과 신뢰를 주는 상대다. 아기는 부모처럼 자신을 보살펴 주는 교사를 전폭적으로 신뢰한다.

또한 말을 하기 이전부터 교사에게 울면서 자신이 필요한 것을 요구하고, 원하는 것을 얻었을 때는 방긋방긋 웃으며 만족을 표시한다. 양손을 들어 응석을 부리기도 하고 귀엽고 사랑스러운 행동을 함으로써 아기가 먼저 관심을 구한다.

기본적 신뢰관계를 구축하기 위하여 애정적이고 긍정적인 분위기의 환경이 보육의 기본적 전제가 된다. 스스로가 사랑받고 있고, 중요하게 여겨지고 있고, 수용받고 있다는 느낌이 있어야 다른 사람을 존엄하게 생각하고, 사랑하고, 중요하게 여길 수 있게 되는 것이다.

다음의 사례에 대해 생각해 보자.

'벽지를 찢는 행동'에 관한 사례다. 벽지를 찢는다는 것은 확실히 칭찬받을 일은 아니다. 그러나 2cm 정도가 이미 벗겨진 벽지를 본 2세 아동은 어떤 일을 하게 되는 것일까? 2세 아동의 발달 특징을 알고 있다면 이 시기의 아동은 호기심이 왕성하다는 것, 활동이 매우 격렬하다는 것을 예측할 수 있을 것이다. 그렇다면 벽지가 떨어진 상황에 놓여 있는 그러한 환경구성에 문제가 있다고 생각할 수도 있다. 한 가지 측면만을 보고 아동을 꾸짖는 것은 바람직하지 않다.

'나쁜 짓을 했다'는 것과 '나쁜 사람'은 다르다. 유치원의 창시자인 프뢰벨은 아동에게 신성이 잠재되어 있다고 생각하였다. 아동을 절대적인 '선'으로 바라보는 이러한 생각은 아동중심주의적 사고다. 교사 자신이 아동으로부터 배우며 함께 커 가는 존재라고 하는 생각은 결국 오늘날의 유아교육의 대전제가 되었다.

앞의 사례에서 '나쁜 ○○○'라고 단정하는 것은 이런 전제와는 거리가 있는 말이다. '나쁜 행위를 한 것'과 '나쁜 사람이라는 것'은 크게 다르다. 3세 미만아에게 '나쁜 행위'를 했다는 것을 전달해야 할 경우, 가능하면 따뜻하게 안아 주면서, '벽지를 찢는 것은 나쁜 일'이라고 말해 준다. 그리고 "벽지 전체를 바꾸어야 하니까 다시는 하지 말아요."라고 말해 준다.

'나쁜 행동'을 이해한 A는 자신이 정말로 '좋은 아이'라는 사실을 다른 사람들에게 알리고 싶다. 학급의 다른 유아들로부터 '나쁜 A'라고 계속 불린다면 A의 기분이 어떨지 생각해 보자. 다른 아이의 실패를 놀리는 것과 같은 행동을 하는 집단의 분위기가 형성되어 있다면, 여기서는 신뢰관계를 구축할 가능성, 즉 긍정적인 환경 만들기가 가능하다고 말할 수 없다.

유아의 교육환경은 긍정적이고 안심할 수 있는 환경이 아니면 안 된다. '안 돼.' '나빠.'라고 말하는 부정적인 언어가 많이 들리는 학급에서는 유아가 안심하고 수용되고 있다는 느낌을 가지기 어렵다. 조용하게 통제되어 있는 학급이 항상 좋은 학급일까? 유아 한 사람 한 사람이 생기 있게 개성을 스스로 발휘할 수 있는 학급이라야 기본적 신뢰관계가 잘 이루어지고 있다고 말할 수 있다.

한편 교사의 입장에서 친부모가 아니면서 유아를 처음 만나는 순간부터 '애정적인 상호관계'를 맺어야 한다는 것이 어떤 의미일까? 교사는 의사와 마찬가지로 인간을 상대로 하는 전문직에 종사하고 있다. 이처럼 인간을 대상으로 하는 전문직에는 여러 가지가 있으나, '애정적인 상호관계 맺기'를 최우선으로 생각해야 하는 교사의 전문직은 그중에서도 특별한 것이라 말할 수 있다.

부모가 자기 아이에 대해 갖는 애정과 똑같은 정도로, 교사가 맡겨진 아동을 대하기는 어려울 것이다. 하지만 교사는 몸과 마음의 전부를 맡기고 있는 아기의 미래를 책임지고 있다고 해도 과언이 아니다. 아기는 지금 이 순간 무력하게 의존하는 존재로서 보살핌을 받지 않으면 안 된다.

유아들 개개인은 훨씬 큰 가능성을 가지고 길고 행복한 인생을 살아갈 준비를 하고 있는 것이다. 이러한 점을 생각한다면 자기에게 맡겨진 이 작은 인간을 존중하는 마음이 저절로 일어나게 된다. 사람을 상대로 하는 전문직 가운데서도, 이 정도로 큰 감동을 주는 관계는 없을 것이라고 생각된다.

2) 언어적 상호작용

영유아기의 아동은 다양한 가능성을 내재한 존재이므로, 그러한 미래를 만들어 가는 힘의 기초를 배양하는 것이 보육의 목적이라고 할 수 있다. 이 목적을 달성하기 위해, 아동의 활동이 '풍부'하게 전개되도록 환경을 구성하는 것이 중요하다. 기저귀를 갈아 줄 때나 우유, 이유식을 줄 때, 교사는 아기를 한 인격으로 존중하고 보살피면서 자연스럽게 말을 걸게 된다. 이때 교사는 아기를 존중하면서 유아에게 맞는 '유아 언어'를 사용하게 된다. 어머니가 자녀를 보살필 때 하는 것 같은 '장난걸기' '말 걸기'를 교사도 하는 것이다.

이와 같은 언어적 상호작용은 보통 일반적인 보육 현장에서 자연스럽게 행해지고 있다. 그러나 보육조건이나 보육환경이 열악한 경우는 어떠한가? 교사의 일손이 부족하여 가능한 한 능률적으로 기저귀를 갈아 주고 이유식을 먹인다면 '언어적 상호작용'이 이루어지기 어렵게 될 것이다. 교사가 일방적인 말만 한다든지, 심한 경우는 아무 말도 하지 않은 채 단지 기계적으로 아기를 사물 취급하듯이 보살피게 될 수도 있지 않을까?

보육이라는 일 가운데, 아직 말하지 못하는 아동에게 말을 건네거나, 기저귀를 갈아 주며 배를 어루만져 주는 것은 얼핏 보면 비능률적이고 가치 없는 것으로 보일 수도 있을 것이다. 그러나 '언어적으로 상호작용 해 주기' '장난걸기'가 교사와 아동의 신뢰관계를 수립하는 데 중요한 의미를 갖고 있다는 것을 고려한다면, 이런 것들을 보육의 중심으로 두어야 할 것이다. 옷을 입고 벗기, 식사하기, 화장실 연습 등에서도 '언어적 상호작용'이 중요한 것은 말할 나위가 없다.

3) 쾌적한 생활 만들기

대부분의 어린이집의 1, 2세 아동 집단을 관찰해 보면, 다른 아동을 깨물거나, 머리카락을 잡아당기거나, 다른 아이를 누르고 넘어뜨리는 아동이 반드시 있는 것을 알 수 있다. 깨무는 행위가 잠시 나타났다 사라지는 경우가 있는가 하면, 장기간 계속되는 아동도 있다. 깨물린 아동의 몸에 자국이 남아서 보호자 간에 싸움이 되는 경우도 있다. 아동들 사이에서뿐 아니라 교사를 깨무는 경우도 보고되고 있다. 이러한 행동들은 교사에게는 심각한 문제다.

언어로 의사소통을 하지 못하는 1, 2세 아동이 자신의 불유쾌한 기분이나 요구를 표시하는 수단으로 울거나, 소리 지르거나, 깨무는 행동을 한다. 그 불유쾌한 기분은 어디에 원인이 있는 것인가, 무엇을 요구하고 있는 것인가를 알 필요가 있다. 가정생활에 원인이 있을 수도 있다.

또한 어린이집의 공간이나 교사 등과 애착관계가 형성되지 않아서 생기는 스트레스일 수도 모른다. 그러므로 보호자와 신중하게 의논

해 보고 보육실의 환경을 한 번 더 살펴보는 것이 필요하다.

어린이집은 가정과 달리 여러 명의 교사가 여러 명의 영유아를 보육하고 있다. 생후 6개월부터 1세 1, 2개월은, 왈롱이 '사회성의 폭발'이라 부르고, 볼비가 '애착' 형성을 인정했던 월령이다. 즉, 특정한 가까운 사람에게 강한 애착의 끈을 만드는 시기다.

따라서 아동 개개인에게 담임교사를 정하는 것이 바람직하다. 현장에서 영유아와 오랫동안 생활해 온 교사는, 한 사람 한 사람의 유아에게 다양한 개성이 있기 때문에 유아와 교사 간에도 서로 잘 맞거나 맞지 않는 관계성이 있는 것 같다고 말한다. 담임교사를 결정할 때 그와 같은 것을 고려하는 것이 바람직할 것이다.

한편 유아들 사이에도 애착관계가 생겨서 확실히 더 부드러운 또래 관계가 있다고 한다. 많은 어린이집에서는 해가 바뀌면 담임교사를 교체한다. 새로운 년도가 되었다고 해서 굳이 애써 구축된 '아동-교사의 기본적 신뢰 관계'를 고려하지 않고 담임교사를 교체하는 것은 문제가 있을 수 있다. 2세 후반이 되면, 유아와 교사의 일대일의 관계에서 다음으로 또래의 관계가 강해지게 된다. 따라서 이런 점을 고려하여 반을 나누고 담임교사를 신중하게 결정하는 것이 바람직하다.

4) 놀이를 통한 정서의 건전한 발달

3세 미만의 유아는 어린이집에서 놀이를 통하여 언어, 정서, 인지 등의 정신발달이 이루어진다. 3세 미만의 유아에게는 정서의 발달과 지적발달이 하나로 통합되어 있다. 결국 보육교사와 유아 간에 신뢰관계가 형성되어, 유아가 정서적으로 안정되고, 행복한 상태에서 놀이가 이루어져야 아울러 언어를 포함한 지적 발달도 촉진되는 것이다.

3세 미만에서는 감각기관을 사용하는 놀이, 손가락 등의 미세운동을 촉진하는 놀이가 주가 되고, 아장아장 걷기 시작하게 되면 탐색놀이 등이 중심이 된다. 2세 후반이 되면 기본적으로는 유아 각자가 따로따로 놀이를 하면서, 교사와도 일대일로 노는 것이 적절하다. 다음에서는 구체적인 놀이를 살펴보자.

(1) '까꿍놀이'의 변형

'까꿍놀이'는 옛날부터 민간에서 시작되었던 것이지만, 이 놀이와 비슷한 여러 놀이가 다양한 교육적 의미를 갖고 있다. 우선 예쁜 색깔의 사각 보자기를 준비하자. 혼자 앉아 있을 수 있는 7, 8개월의 아기 앞에서 예쁜 장난감을 가지고 잠시 논 후에, 교사는 장난감에 그 보자기를 씌우고 '없다!'라고 말한다. 조금 있다가, 교사는 보자기를 걷어 치우고, '얏!'이라고 말하면서 장난감을 보여 준다. 이것을 여러 번 반복하고, 이번에는 유아가 스스로 보자기를 손으로 치우게 하고 교사가 함께 '얏!' 하면서 즐거워한다.

교사가 예쁜 수건이나 타월을 얼굴에 대고 '없다, 없다.'라고 말한다. 유아는 좋아하는 교사의 감춰진 얼굴, 특히 눈을 찾으려고 한다. 잠시 후 교사는 타월을 치우고 유아의 얼굴, 특히 눈을 맞추면서 '얏!'이라고 말한다. 이번에는 유아의 얼굴에 타월을 씌우고, '아가, 없다, 없다.'라고 노래를 부른다. 1세 유아는 좋아하면서 손으로 타월을 걷으며 즐거워서 소리를 지르기도 한다.

한편 보육실의 창에 드리워진 커튼을 사이에 두고도 이러한 놀이가 가능하다. 1세 유아가 벽을 잡고 걸어가면 커튼 속에 숨어 있던 교사가 유아와 얼굴을 맞추고, '얏!'하고 나타난다. 2세가 되면 유아는 보육실의 커튼 속이나 목욕탕에 들어가 숨는 것도 즐기게 된다.

(2) 손을 사용하는 놀이

영아기부터 손과 눈의 협응 능력과 영아들의 신체운동을 발달시키기 위한 전통놀이들이 많이 있었다.

짝짜꿍은 영아가 두 손을 펴서 손바닥을 마주치는 동작의 연속으로 이루어지는 놀이로서, 손과 눈의 협응력을 키워 주는 교육적 가치가 있다. 놀이를 해 주는 성인이 아기의 성취 행동에 미소나 어르기, 뺨을 비비기 등을 해 주면 아기는 신나서 더욱 열중할 것이다.

곤지곤지는 영아가 오른손의 검지손가락만 펴고, 나머지 손가락은 모두 오므려서 왼손 손바닥을 두드리는 동작의 연속으로 이루어진다. 이 놀이는 짝자꿍과 마찬가지로 눈과 손의 협응을 목표로 창안된 놀이이지만, 짝짜꿍보다 더욱 세련된 손동작을 요구한다.

잼잼은 영아가 열손가락을 오므렸다 폈다 하는 동작의 연속을 통해서 역시 손과 눈의 협응 능력뿐 아니라 파악 능력을 습득할 수 있게 한다. 3, 4개월부터 첫돌까지 함께할 수 있는 놀이다. 1세 6개월을 넘긴 즈음부터는 손가락의 동작이 분화되어 손가락으로 잡는다거나, 공 던지기도 할 수 있게 된다.

(3) 산 책

어린이집 가까운 곳에 어린이공원이나 야산 등 가볼 만한 산책코스를 사전에 조사해 둔다. 산책은 유아들이 무엇보다 좋아하는 놀이이다. 걸어갈 수 있는 장소는 가능하면 차에서 내려서 걷도록 한다. 어린이집이 아파트 단지에 위치하고 있더라도, 보도에 떨어진 가로수의 낙엽, 지나가는 자동차, 자전거, 동네 슈퍼 등 목적지에 도착할 때까지 신선한 만남이 가득 있다.

(4) 재미있는 노래 부르기

옛날부터 조부모와 손자가 함께 하던 재미있는 노래 부르며 놀기는 유아의 감각기관을 자극하는 동시에, 성인-유아의 감정적 상호교류를 촉진하고, 유대감을 강하게 하는 기능을 하였다. 어린이집에서도 이와 같은 놀이를 함께 할 수 있다면 좋다.

두껍아 두껍아
네집 지어주마
내집 지어다오(모래놀이).

한고개 넘어갔다
두고개 넘어갔다
여우야 여우야 뭐하니
잠잔다
잠꾸러기
세수한다
멋쟁이
밥먹는다
무슨 반찬
개구리 반찬
죽었니 살았니
죽었다(살았다) (술래잡기 놀이).

어디까지 왔나
아직아직 멀었다
어디까지 왔나
동산까지 왔다
어디까지 왔나

축담밑에 왔다
어디까지 왔나
구들목에 왔다(어디까지 왔나).

꼬마야 꼬마야 뒤로 돌아라
돌아서 돌아서 땅을 짚어라
짚어서 짚어서 만세를 불러라
불러라 불러라 잘 가거라(줄넘기 노래).

(5) 그림책 보면서 놀기

1세경부터 이야기가 없는 그림책을 즐겨 보게 된다. 예를 들어, 동물 그림책을 가지고 교사가 동물 소리나 동작을 모방하면서 보여 줄 수 있다. 또한 1세 반부터 2세에 이르면, 보육실에 인형이나 소꿉놀이 세트를 준비해 두는데, 유아는 인형의 머리를 감긴다든지, 인형을 재운다든지 하며 놀게 된다. 이와 같은 놀이는 제2장에서 지적하고 있듯이, 유아의 정신발달에 매우 중요하다.

[그림 4-1] 영아용 그림책에 열중하고 있는 1세아

5) 개인차의 배려

3세 미만의 시기는 발달의 변화가 매우 급격한 시기다. 식사도 수유에서 이유식으로, 이유식에서 일반식으로 옮겨간다. 보행은 누워서 뒤집기, 앉기, 엉금엉금 기기, 서기, 걷기의 순으로 이루어진다. 언어의 획득도 하루하루 진보한다. 이와 같이 발달의 변화가 두드러질 뿐 아니라 이 시기에는 개인차도 매우 크다.

따라서 아동들 개개인의 몸과 마음의 발달상태를 정확히 판단하여 개별적인 보육을 하는 것이 필요하다. '한 사람 한 사람'을 배려하는 보육실천은 아무리 강조해도 지나침이 없을 정도로 중요하고 또한 어렵다. 개인차를 배려하기 위해서는 일반 아동의 발달에 관한 지식뿐만 아니라 자신이 보육하는 아동을 통찰하는 힘이 전제되어야 한다. 보육 아동을 이해하고 받아들이는 지식은 경험이 축적되고 시간이 흐르면서 몸으로 익혀 가는 것일 수 있다.

또한 개인차를 배려한 환경은 고정적인 것은 아니다. 아동의 기분상태, 호기심 및 욕구를 바탕으로 교사가 아동과 함께 이루어 가는 것이다.

6) 가정과의 연계

3세 미만 아동은 특정 성인과 애정적인 안정된 인간관계를 성립하는 시기다. 이를 위해서, 그리고 개인차를 배려하기 위해서, 가정과의 연락은 반드시 필요하다. 하루의 생활에서 가정과 보육의 장이 크게 분리된다면, 아동의 생활리듬은 엉망이 되고 말 것이며, 또한 정신적으로도 불안정하게 된다. 가정과 보육시설의 연락을 도모하기 위하여 신뢰관계를 전제로 한 커뮤니케이션이 중요하다. 식사, 배설,

수면, 기호, 등하원하는 일 등을 보호자와 교사가 함께 공유하며, 함께 아동을 보살피고 기른다는 생각이 중요하다.

보육의 현장에서는 커뮤니케이션을 원활하게 하기 위하여 여러 가지 환경을 조성하여 준비하여야 한다.

예를 들면, 등원 시에 보호자가 기입할 수 있는 카드를 어린이집에 준비해 둔다. 카드에는 아침식사, 수면시간, 배변의 유무, 아동의 기호, 하원시간, 유의사항 등의 항목을 기입하도록 한다. 보호자를 어린이집에 초대하여 개인 사물함의 짐을 정리하게 하거나 출석확인 수첩을 아동과 함께 기입하도록 하는 곳도 있다.

아동 한 사람 한 사람의 기록 내용을 벽에 걸어 놓고, 보호자가 자유롭게 열람하고 의견을 기록할 수 있도록 준비해 두는 어린이집도 있다. 이런 기록칠판은 아동에 대한 정확한 기록을 작성할 수 있게 해준다. 또한 교사의 전달사항을 전달하는 데도 긍정적인 역할을 한다.

개인면담, 참관수업, 행사 등도 중요한 커뮤니케이션의 기회가 된다. 특히 행사는 아동에게는 부모와 함께하는 즐거운 경험이 된다. 많은 보호자가 행사를 마음속으로 기다리면서 성장해 가는 자녀의 모습을 보기를 원한다. 그러나 보호자를 '손님'과 같이 취급하고, '이벤트성'을 강하게 띠면 아동이 주체가 되는 보육을 할 수 없게 되는 경우가 있다. '손님'을 의식하여 이벤트의 준비에 노력을 기울여야 하기 때문이다.

힘을 들이고 정성을 들이는 일은 좋은 일이지만, 그것이 과잉으로 되면 일상의 보육을 방해할 수밖에 없는 것이다. 3세 미만 아동의 교사가 큰 아이들 연습을 보조해야 한다든지, 정원 이상의 아동을 한 장소에서 모아서 비디오를 시청하면서 보육시간을 보내게 한다든지, 아동에게 등장인물의 연습을 강요한다든지 하는 등이 그 예다.

다음의 사례를 생각해 보자.

어린이집의 운동회나 재롱잔치에 참여하는 3세 미만 아동의 모습을 보기로 하자. 잔치의 주인공이 되야 할 많은 아동이 울고 있고 교사는 열심히 아동들을 격려하고 달래고 있다. '울음'을 나쁜 것이라고 단정할 수만은 없다. 아동들의 '울음'까지도 사랑스럽다고 생각할지도 모른다. 이런 경험이 아동의 마음을 성장시키는 하나의 경험이 된다고 생각할 수도 있다.

그러나 실제로 최근에는 3세 미만 아동의 행사 참가 방법을 재검토하는 움직임이 있다. 행사는 아동과 교사의 인간관계, 아동과 또래와의 인간관계를 보여 주는 기회가 된다. 보호자와 교사가 함께 보육을 만들어 가는 귀중한 경험이기도 하다. 따라서 행사의 방법은 아동중심이 되어야 한다고 생각한다.

에피소드

오늘은 발표회, 2세 아동의 등장인물은 '산토끼'다.

막이 열리고, 8명의 2세 아동이 서 있다. 교사와 보호자가 손으로 직접 만든 토끼 탈, 흰색의 타이즈, 윗옷을 입고, 모자를 쓰고 있다. 엉덩이에는 꼬리가 달려 있다. 아동이 서 있는 발에는 방울이 달려 있다. 간주 시간에 울고 있는 아동이 2명, 줄에서 떨어져 나와 있는 아동이 3명, 교사는 얼른 가서 안아서 데려온다. '산토끼' 음악과 함께 돌기 시작한다. 교사는 무대의 양측에서 아동을 향하여 큰 동작과 소리로 아동과 함께 노래하고, 열심히 아동을 격려하고 있다. '예쁘다'라는 탄성이 여기저기서 들려온다. 아동이 한 명 무대에서 내려온다. 곡이 끝날 즈음, 8명 중 6명이 울고 있다.

일상적인 연락과 행사 등의 커뮤니케이션의 의의는 교사와 보호자가 아동의 실제의 모습을 보여 주고, 상호 간의 보육관을 전달하고자 하는 데 있다. 그리고 그것을 바탕으로 함께 협력하여 아동을 양육해 가는 것이다.

이런 커뮤니케이션을 통하여 아동 자신도 교사와 보호자가 신뢰하고 화합하는 관계라는 것을 느끼면서 안심하게 된다. 아동이 안심하고 자신의 개성을 신장하며 성장하는 긍정적인 환경을 만들어 가는 것에서 보육시설과 가정의 신뢰관계는 불가결한 요소라고 말할 수 있다.

7) 보육내용과 계획

'보육계획'과 '표준보육과정'은 보육내용을 구성하는 것으로서 일종의 지침이다. 이를 위해 교사는 아동의 현 상태를 파악하고자 노력해야 한다. 아동의 발달 상황, 가정의 환경, 보호자의 의향, 지역의 실태를 고려해 본다. 그런 뒤 '목표'를 설정하고, 내용(활동, 놀이 등)을 선별한다. 예상된 아동의 반응을 생각하고 그려 보면서, 환경을 구성한다. 실천에 들어가서는, 아동의 상황이 최우선이 되어야 하고 계획은 유연하고 발전적으로 행해져야 한다. 결국 계획은 실천을 바탕으로 재구성되고 아동과 함께 만들어 가는 것이다.

지침은 어디까지나 지침일 뿐이다. 보육의 내용과 그 계획은 교사가 자신이 보육하는 각각의 아동을 통찰하고, 가정이나 지역과 연락해 가면서, 아동과 그리고 그 외 타인들과 함께 만들어 가는 것이다. 보육환경은 실천하는 가운데서 만들고 바꾸고 재고해 가면서 구성되는 것이다.

3. 유아교육론

1) 건강생활–심신의 건강은 발달의 기초

유아의 정신과 신체의 건강한 발달은 유아교육에서 가장 기초적인 요건이다. 유아교육의 다섯 영역을 구조적으로 살펴보면, '건강'은 토대에 해당한다고 말할 수 있다.

'유치원 교육과정'에는, '건강' 영역의 목표를 자신의 신체에 대한 긍정적인 인식과 함께 생활에 필요한 기초체력을 기르고, 건강하고 안전한 생활 습관을 가지는 것이라고 말하고 있다.

이러한 '건강'의 '목표'는 어디까지나 유치원 생활에서의 건강에 대하여 제시하는 목표이고, 가정에서도 중복되는 '목표'가 생활을 통하여 이루어져야 할 것이다.

이러한 '목표'달성을 위하여 유치원에서는 '건강'에 관한 4개 항목의 '내용'을 제시하고 있다. 감각 및 신체인식, 기본운동능력, 건강, 안전이 그것이다.

감각 및 신체인식	건 강
• 감각기관을 활용하기 • 신체를 인식하고 움직이기	• 몸을 깨끗이 하기 • 주변을 깨끗이 하기 • 적절하게 옷 입기 • 바른 식생활 하기 • 적절히 휴식하기 • 질병 예방하기 • 즐겁게 생활하기
기본운동능력	**안 전**
• 이동운동하기 • 비이동운동하기 • 조작운동하기 • 신체활동에 참여하기	• 안전하게 놀이하기 • 교통안전 규칙 지키기 • 위험한 상황을 알고 대처하기 • 환경오염이나 재해에 대비하기

유치원보다 긴 시간을 생활하는 어린이집에서는 '건강'의 목표와 내용이 훨씬 더 다양하고 상세하며 충실해야 한다. 유아의 '건강'은 '생활'해 가면서 '습관이나 태도'로 몸에 익히고, 도달되어야 하기 때문이다.

그렇지만 오늘날 유치원과 어린이집의 사회적 기능이 점점 근접해지고 있다고 말할 수 있다. 보육에서 교육의 기능이 요구되고 있는 것과 같이, 유치원에는 식생활을 포함하여 보호의 기능이 요구되고 있는 것이다. 구체적으로 말하면 유치원의 교육시간이 길어지고, 급식을 도입하는 유치원이 일반적이 되어 가고 있다.

어린이집이나 유치원에서의 식사는 많은 아동들과 교사가 함께하는 것으로서, 결국 함께 먹는 기회를 갖게 한다는 의미를 갖는다. 함께 먹기란 같은 시간에 같은 장소에서, 같은 것을 먹는 것으로, 이를 통하여 여러 가지 측면의 발달을 기대할 수 있다. 친구들과 같은 것을 먹는 것에서 식사에 대한 관심이 길러지고 사회성 발달이 촉진된다. 식사에 대한 관심과 아울러 조리도 직접 해 볼 수 있는 기회를 갖는다면 식재료에 대한 관심이 넓어지고, 농작물의 재배에도 시야가 넓어질 수 있게 된다. 편식이나 야채를 싫어하는 아동에게는 함께 하는 식사를 통하여 이를 극복하려고 노력하는 자세를 평가해 주는 것이 중요하다.

2) 사회생활-사람과 상호작용하는 능력

유아는 다른 사람과 관계를 맺는 가운데 인간으로서의 기초를 형성해 간다. 이를테면 유치원이나 어린이집에서는, 다양한 성인과 유아들과의 인간관계를 통하여 도덕성의 싹이 길러지고 스스로 성장하고 살아가는 힘을 키우는 것이다.

'유치원 교육과정'에서는 '사회생활' 영역의 목표를 기본생활습관과 자기조절 능력을 기르고, 다른 사람과 더불어 생활하며 사회현상에 대한 관심을 가진다고 제시하고 있다. 이를 위하여 구체적으로 다음의 내용영역을 제시하고 있다.

기본생활습관	개인생활	가정생활
• 예절 바르게 생활하기 • 질서 지켜 생활하기 • 아껴서 생활하기	• 나에 대해 긍정적으로 생각하기 • 감정과 욕구 조절하기 • 자기 일을 계획하고 실천하기	• 가족과 화목하게 지내기 • 가족과 협력하기

집단생활	사회현상과 환경
• 다른 사람을 이해하고 존중하기 • 공공규칙을 이해하고 지키기 • 두레의 소중함을 알고 협력하기	• 주변지역에 관심 가지기 • 직업에 관심 가지기 • 경제생활에 관심 가지기 • 환경보전에 관심 가지기 • 우리나라의 상징과 전통에 관심 가지기 • 통일에 관심 가지기 • 세계 여러 나라와 문화에 관심 가지기 • 정보자료에 관심 가지기

3세 정도가 되면 교사와 유아의 관계는 애착행동에서 정신적인 의존의 관계로 변화해 간다. 장난감이 있는 곳에 가서 잠깐 놀다가, 교사가 있는 곳으로 돌아오는 행동을 반복하면서 "보고 있어." "봤어?"라는 말을 자주 하게 된다. 또한 이 시기에 아동의 또래관계가 나타나게 된다. 최초에는 특정의 2, 3명의 친구를 사귀다가 점차로 그 범위가 넓어져 간다. 3세는 소꿉놀이의 전성기라고도 말할 수 있다. 교사는 유아의 놀이가 발전하도록 환경을 구성하고, 놀이의 진행을 위하여 배려해 주는 것이 필요하다.

4, 5세아는 사회의 다양한 인간관계를 이해하고 규칙을 인식하게 된다. 소꿉놀이도 점점 더 풍부해지는데 사회의 여러 역할과 사람들이 등장하고 인물의 역할이나 규칙도 확실히 나타난다. 또한 4, 5세가 되면 학급의 일원으로서의 자각도 싹트게 된다. 스스로 어떤 역할을 수행한 것에 대한 기쁨과 만족감을 느끼게 된다.

교사는 규칙 있는 놀이를 하면서 협력하고 결속하는 즐거운 경험을 하도록 유아들을 지도하는 것이 바람직하다. 그를 위해서는 충분한 교재연구와 준비가 필요하다. 한편 집단 속에서 유아들은 스스로의 생각이 통하지 않을 수 있다는 경험을 체험하고, 다른 아이의 의견과 자신의 의견이 다름을 알게 되고, 그런 가운데 자기실현과 자기억제를 조정하게 된다.

또한 교사는 다양한 '분쟁' 장면에 부딪히게 된다. 유아들의 인간관계와 그 발달과정은 복잡하기 때문에 '분쟁'을 중재하는 일은 매우 어렵다. 성인에게는 일견 싸움이라고 생각할 수 있는 사건이 유아들에게는 상대방과 관계를 맺고 있는 것일 수 있고, 자신의 의지를 전달하려 하는 행동일 수 있다. 리더 역할을 하는 유아가 명령을 한다든지, 때에 따라서는 '따돌림'하는 것처럼 보일 수 있는 행동도 유아들에게는 즐거운 놀이 속에서 일어나는 추종이거나, 동경에서 일어나는 모방일 수 있다.

'자신의 생각이 통하지 않는다.'라고 하는 경험은 우리들 성인이 느끼는 것보다도 심각하게 유아의 마음을 상하게 하는 경우가 있다. 교사는 '분쟁'의 해결을 위해 조급하게 서두르지 말고, 충분하게 그 배경을 탐구하고 생각할 필요가 있다.

특히 주의하지 않으면 안 되는 것은 '분쟁'이나 '싸움'이 '따돌림'으로 발전하지 않는지를 잘 살펴보는 것이다. 주의해서 관찰해야 하는 점은 폭력이 습관화되지 않는지, 폭력의 요인이 다른 데 있는 것은 아닌지를 살펴보는 일이다. 예를 들어, 스트레스 해소나 회피의 수단이 되지 않은가 하는 것이다.

또한 유아들은 가정이라는 한정된 '인간관계'에만 갇혀 있다가 처음으로 많은 수의 또래 유아들과의 생활을 체험한다. 집단생활은 유아의 자발성과 의욕을 길러 주는 중요한 역할을 담당하고 있다. 그럼으로써 유아는 현재와 미래의 인간사회에 살아가는 기초를 배양하고 있는 것이다.

3) 탐구생활-호기심 · 탐구심으로 환경과 상호작용

탐구생활은 유아들이 관심과 호기심을 가지고 자연 현상과 주위의 사물을 탐구하는 데 필요한 기초 능력과 태도를 기르게 하는 영역이다. 유아는 호기심이나 탐구심이 왕성하여, 자발적으로 환경과 관계를 맺으면서 여러 가지의 것을 배워 간다.

유아교육의 기본은 주변 환경에 호기심을 갖고 그를 탐구하는 것이며, 이러한 환경과의 상호작용을 통해서 교육이 이루어지는 것이다. 이때의 '환경'은 배우는 대상으로서의 환경을 말한다. 즉, 외부 세계의 사물이나 사상에 대하여 유아들의 보는 방법, 생각하는 방법을 구축해 가는 것이다.

'유치원 교육과정'의 탐구생활 영역은, 과학적 탐구, 수학적 탐구, 창의적 탐구 등 세 부분으로 구분되어 있다.

과학적 탐구는 유아들이 주위의 여러 가지 사물이나 현상을 관찰하고, 궁금해 하고, 변화과정을 살펴보는 등의 능동적인 탐색 활동을 함으로써 과학적인 탐구 능력과 태도를 기르기 위한 것이다.

수학적 탐구는 유아들이 일상생활에서 경험하는 여러 가지 사물과 사건을 직접 분류해 보고, 비교해 보고, 관계를 찾아보는 등의 구체적인 조작 활동을 통하여 수학적인 기초 능력과 태도를 기르기 위한 것이다.

창의적 탐구는 유아들이 생활을 통하여 직면하게 되는 여러 가지 상황을 민감하게 인식하고, 다양하고 독특하며 융통성 있게 대응할 수 있는 능력과 태도를 기르기 위한 것이다.

과학적 탐구	수학적 탐구	창의적 탐구
• 우리 몸에 대하여 알아보기 • 생물에 대하여 관심 가지기 • 자연 현상에 대하여 알아보기 • 물체와 물질 탐색하기 • 도구와 기계에 관심가지기	• 분류하기와 순서 짓기 • 수의 기초개념 이해하기 • 기초적인 측정과 관련된 경험 알기 • 시간에 대한 기초개념 알기 • 기초적인 통계와 관련된 경험 알기	• 주변상황에 관심을 가지고 탐색하기 • 다양하게 생각하기 • 독특하게 생각하기

이미 밝혀진 것처럼, 유아는 구체적 조작을 통하여 경험을 축적하고 자신을 둘러싼 환경에 관하여 지식을 쌓아간다. 유아는 본래 호기심이나 탐구심이 왕성하여 항상 스스로 환경과 상호작용하려 하고 있다. 따라서 교사가 유아의 학습을 위하여 환경을 계획적으로 구성하는 것이 중요하다.

'모래놀이'를 예를 들어 생각해 보자. 3세 아동의 모래놀이는 모래의 감촉을 즐기면서 모래의 성질을 이해하는 것이 중심이 된다. 작은 물통, 모래를 고르는 체, 형태를 만들기 위한 그릇 등을 가지고, 한 사람씩 묵묵히 놀이하는 경우가 많다. 4세 아동은 몇 명이 집단으로 강을 만들고, 물을 흘러 보낸다든지 하게 된다. 어떻게 하면 물이 모래에 스며들어가지 않는가를 공부한다.

그래서 교사는 플라스틱관이나 나무통을 준비한다. 관을 어떻게 연결하면 물이 흐를까를 유아들이 탐색한다. 팀을 형성하여 물을 막고, 물웅덩이에 낙엽이나 작은 돌을 넣어보는 유아도 나온다. 5세 아동의 경우, 모래놀이는 훨씬 더 큰 규모가 된다. 모래장과 토산을 만들고, 물통, 호스, 도시락 보트, 모래나 흙을 운반하는 차 등을 사용하고, 처음부터 계획을 세워서 필요한 것을 구하고 협동하는 활동이 이루어진다.

교사는 유아들의 발달에 맞춰 한 사람 한 사람의 유아에게 학습이 일어날 수 있도록, 모래장에 여러 도구를 추가하거나 제거하는 일을 하는 것이다.

'음료수 가게 놀이'에서는 꽃잎이나 나뭇잎 등을 으깨어서 예쁜 색의 음료수를 만들고, 색의 합성이나 그릇의 들이를 통해 양의 개념을 깨달아 간다. 이런 때 교사는 작은 컵이나 다양한 크기의 용기 등을 준비하여 두는 것이 좋다.

유아들은 산책길에 주워 온 나무 열매나 다양한 색의 나뭇잎을 가지고 여러 모양을 만든다든지, 그릇에 담아 보면서 수의 감각을 익혀 간다. 거기서 나무 열매를 하나씩 대응시킬 수 있도록 모조지를 준비하거나, 나뭇잎 접시에 나무의 열매를 한 개씩 담아서 일대일 대응 놀이를 해 보는 것도 가능하다.

추운 겨울에 등원하던 유아가 나무 아래 물웅덩이에서 얼음이 생기는 것을 발견한다. 유아들은 다른 장소에도 얼음이 있는가를 보려고 정원을 탐구하러 돌아다닌다. 양지가 있는 곳의 물은 얼지 않는다. 한 아동이 얇은 얼음을 두세 조각 떼어서 교사가 있는 교실로 가져간다. 양지가 있는 테라스에서 얼음을 녹일 수 있는가를 물어본다.

여러 명의 유아들이 얼음이 녹는 모양을 보고 싶어서 모여든다.

교사는 얼음조각을 따로따로 각기 다른 장소에 두고 녹는 모습을 보도록 하였다. 한 조각은 양지바른 테라스 콘크리트 위에, 다른 한 조각은 응달의 흙 위에 두어 어디에서 더 잘 녹는지를 보기로 한다. 테라스의 얼음은 곧 녹지만 나무그늘 아래의 얼음은 천천히 녹았다. 이미 다른 놀이에 열중해 버리는 아동도 있지만, 얼음이 어느 정도 녹았는지를 자주 확인해 보러 오는 아동도 있다.

한편, 살아 있는 생명에 대한 존중은 막연한 공상으로 그치는 것이 아니다. 한 생명이 다른 생명을 죽이며 살아가는 약육강식의 현실에 유아들이 직면하도록 하는 것이다. 교사는 아동들이 먹고 있는 생선이나 고기도 살아 있는 것이라는 사실을 기회가 있다면 피하지 말고 가르치는 것도 좋다. 만일 유치원에 작은 텃밭이 있어서 고구마나 토마토를 기르고 있다면, 아동들이 함께 참여하여 키우게 하는 것이 좋다. 아동들은 야채를 지키기 위하여 잡초를 제거해야 한다거나, 살충제로 해충을 죽여야 하는 것을 알게 된다.

어떤 방법으로 어디까지 생명에 관하여 가르쳐야 하는가는 별도로 하고, 생명의 소중함을 알게 하고 스스로가 살아 있는 것을 실감하게 하는 경험이 필요하다. 그를 위해서는 현실에서 살아 있는 물체와 끊임없이 관계 맺는 경험을 하도록 하는 것이 훨씬 더 중요하다.

4) 언어생활-생각 · 감정의 언어표현과 잘 들어 주기

언어생활의 목표는 일상생활에 필요한 기초적인 언어능력을 기르고, 바른 언어생활 습관과 태도를 기르는 것이다. 이를 위하여 다른 사람의 말을 잘 듣고 이해하는 능력과 자기의 생각과 느낌을 말로 표현하는 능력을 기른다. 또한 글자와 글에 친숙해지는 경험을 통하여 읽기와 쓰기에 관심을 가지는 태도를 갖도록 하는 것을 목표로 한다.

듣기	말하기	읽기 쓰기에 관심 가지기
• 말소리 듣기 • 낱말과 문장을 듣고 이해하기 • 이야기를 듣고 이해하기 • 동화, 동요, 동시 듣기 • 바른 태도로 듣기	• 바르게 발음하여 말하기 • 낱말과 문장을 말하기 • 경험, 생각, 느낌 말하기 • 상황에 맞게 말하기 • 바른 태도로 말하기	• 말과 글의 관계 알기 • 글자에 관심 가지기 • 쓰기에 관심 가지기 • 책에 관심 가지기 • 읽어 주는 글을 이해하기

3~6세의 유아는 사고작용의 신호로 언어를 사용하게 된다. 스스로의 생각을 언어로 표현하고, 상대에게 전달하고자 한다. 동시에 상대의 말에 민감하게 귀 기울이게 된다. 4, 5세가 되면 긴 '대화'도 잘 듣게 되고, 재미있는 언어놀이도 좋아하게 된다.

유치원이나 어린이집의 생활과 놀이를 통하여 유아들은 언어를 몸에 익혀간다. 우선 교사의 '언어적 상호작용'에 대해 생각해 보자. 아침에 등원하는 유아 한 사람 한 사람에게 교사는 정중하게 '아무개, 안녕?'이라고 인사를 한다. 유아는 '안녕하세요?'라고 웃는 얼굴로 대답한다. 집으로 돌아갈 때는, 모두에게 '잘 가.'라고 인사한다. 매일의 자연스러운 반복을 통하여 '인사하기'를 배워 가는 것이다.

같은 연령의 유아들이 집단생활을 하는 곳인 유치원이나 어린이집에서만 통용되는 독특한 언어도 필요하다. 예를 들어, '무궁화반'이라든가 '토끼반'이라는 명칭들은, 그 학급에 속한 유아들에게 소속감을 느끼게 해 준다. 교사는 유아들에게 뭔가를 설명한다든지 지시할 때 유아에게 이해하기 쉬운 간단한 언어를 선택하여 사용하게 된다.

지방의 유치원에서 교사나 교육실습생이 그 지역 방언을 쓰는 것은 어떤가? '유아에게 말할 때는 표준어를 사용하는 것이 좋다.'라고 교육받을 수 있다. 그러나 유아들이 일상적으로 놀이하면서 사용하고 있는 살아 있는 언어는 지역의 독특한 억양이 섞인 방언이다. 이 문제는 첫째, 유아에게 이해하기 쉽고 친근하게 느낄 수 있는 언어를 사용하는 것, 둘째, 유아 스스로 즐거운 표현이 가능한 언어를 사용하는 것의 두 가지 점을 중시하는 것이 좋다.

따라서 교사와 유아들의 언어 사용은 기본적인 '인사' 등을 제외하고는 그 지역의 언어를 주로 사용하는 것이 좋을 것이다. 유아들은 어차피 학교나 다양한 대중매체를 통하여 표준어와 방언의 언어를 구별하여 사용할 것이기 때문이다.

3, 4세 아동의 학급 내에는 자신의 기분이나 요구를 언어로 확실히 말하지 못하는 아동이 있다. 한 아동이 만들어 둔 블록 집을, 다른 아동이 미리 양해도 구하지 않고 자기의 의도대로 다른 물건으로 만들어 버려서 충돌이 일어났다. 이와 같은 장면은 '사회생활' 영역과 관련이 있으면서 '언어'를 연습하는 장이기도 하다. 교사가 사이에 개입하여 자세한 내용을 잘 들어주고, 언어로 상대에게 끈기 있게 말하도록 도움을 준다면 유아는 대화하는 기술을 깨달아 갈 수 있다.

5세가 되면 친구 앞에서 경험한 것을 말하고 전달하는 것을 즐기게 된다.

한편, 읽기와 쓰기의 계통적인 학습은 초등학교 입학부터 시작된다. 그러나 계통적인 학습이 시작되기 전에, 유아는 환경을 통해 다양한 문자, 기호, 표지에 관심을 갖고 그 의미를 이해하게 된다.

교사는 '읽기 쓰기에 관심 가지기'를 체험하게 함으로써, '문자에 대하여 흥미나 관심을 가지도록 유도할 수 있다. 구체적으로는 교사나 친구에게 '편지'를 쓰게 하는 것이나, 가게 놀이를 할 때 사야 할 물품을 써 보게 하거나 크리스마스에 '선물 받기를 원하는 것'을 쓰게 하는 것 등의 자유로운 활동을 생각해 볼 수 있다.

5) 표현생활-아동은 백 가지 언어로 표현

'유치원 교육과정'에서는 표현생활을, 유아들로 하여금 자연과 사물의 예술적 요소를 탐색, 감상하고, 자신의 생각과 느낌을 음악, 조형, 동작, 극과 같은 다양한 예술적 표현활동을 통하여 자발적, 창의적으로 표현하게 함으로써 예술에 대한 호기심, 표현능력 및 심미감을 기르고 정서적 안정감을 가지게 하는 영역이라고 설명한다.

그 내용을 탐색, 표현, 감상 세 가지로 구분하고 있다.

탐색	표현	감상
• 소리 탐색하기 • 형태 탐색하기 • 움직임 탐색하기	• 여러 가지 소리 만들기 • 노래 부르기 • 리듬 악기 다루기 • 그림 그리기 • 만들기와 꾸미기 • 동작으로 표현하기 • 통합적으로 표현하기 • 극놀이로 표현하기	• 음악 감상하기 • 자연과 사물 및 조형 작품 감상하기 • 춤 감상하기 • 극놀이 감상하기 • 예술적 표현 존중하기 • 전통 예술에 친숙해지기

유아의 표현은 신체적 표현, 음악(음, 노래, 연주), 언어, 그림, 조형 등 다양한 활동을 통해 나타난다. 또한 집단생활을 통해서 자신의 의견이나 생각한 것을 표현하고 전달하면서 상대방의 의견과 생각을 알게 되는 경우가 많이 있다. 더 한층 나아가서 자신이 표현한 내용을 유아자신이 반성하고, 표현의 방법을 탐색하고, 생각하는 자세를 갖게 한다. 나아가 다른 유아의 감성, 사고, 표현을 접할 수 있게 하

기도 한다.

교사는 유아가 자유롭게 자신을 충분히 표현할 수 있도록 수용적 환경을 만들어 주고, 발달이나 경험에 적합한 환경을 준비해 주어야 한다. 또한 제한받지 않고 시행착오를 해 가면서 자신의 생각을 자유롭게 표현할 수 있도록 하는 것도 중요하다. '이런 표현도 있을까?' '이런 생각도 있지 않을까?'라고 교사와 유아들이 함께 생각하고, 무한한 발상을 자유롭게 내놓을 수 있도록 격려하는 풍성한 학급이 기대된다.

표현의 활동영역은 무한히 넓다. 교사가 환경을 구성해 주는 것 자체가 유아에게 어떤 방법으로 표현할 것인지의 방법을 선택하게 하는 역할을 한다. 그림 도구를 사용해 본 경험, 악기를 연주한 경험 등을 통하여 유아는 자신의 표현의 영역을 넓힌다. 교사는 신체를 통한 표현, 악기에 의한 표현, 그림, 모래놀이, 물놀이, 진흙 놀이, 다양한 소재를 사용하는 조형놀이 등의 환경을 구성하고 경험을 준비하여 유아가 표현을 발전시키도록 돕는다.

교사는 한편으로 발달의 일반적인 특징을 고려해 가면서 자신이 보육하는 유아도 관찰해야 한다. 그리하여 아동의 환경이나 개성에 따라 개인차를 고려하면서 환경을 구성하는 것이 중요하다. 유아의 표현방법은 무한하고, 또한 그 잠재력은 계획으로 알 수 없는 면도 있기 때문이다.

4. 가정에서의 아동양육

1) 거대화된 사회 속의 작은 가정

근대 이후로 교육, 복지 등 다양한 기능들을 사회에서 담당하게 되었고 가정의 기능은 점점 축소되어 혈연으로 맺어진 작은 집단이 되었다. 가정의 기능이 축소된 가운데, 가정에서 아동을 양육해 줄 부모가 없을 경우는 일정 기간 부모를 대신하여 줄 다른 보호자가 양육을 담당해 주지 않으면 안 되게 되었다. 부모는 아동의 양육에 대하여 제1의 책임자다. 오늘날에는 초등학교 입학 전의 유아를 보육하는 어린이집, 유치원, 그 외에 여러 가지 시설들이 생겨났지만 그렇다고 부모의 책임이 면제되는 것이 아니라는 것은 두 말할 필요도 없다.

유아는 성인의 보호를 절대로 필요로 하고 또 독립하기까지 긴 시간이 필요하기 때문에, 유아를 양육하는 부모에게는 정신적, 신체적, 경제적, 시간적으로 큰 부담이 될 수밖에 없다. 이와 같은 어려운 시기를 지나면 아동은 학교에 입학하여 하루하루 성장하고 마침내 부모의 조력을 필요로 하지 않게 독립해 간다. 아동이 성인이 되어 사회적으로 독립하기까지의 긴 과정을 부모는 제1책임자로서 자녀를 보호하고 길러야 하는 것이다.

이러한 긴 양육의 과정에서, 유아기의 양육이 아동의 이후의 성장에 결정적으로 중요한 의미를 갖고 있다는 것을 다음에서 상세하게 다루고자 한다.

유치원의 창시자인 프뢰벨은 유아의 마음은 선하기 때문에 교육은 필연적으로 '수동적'이어야 한다고 하였다. 그는 유아의 마음을 자유롭게 표현하게 하여 스스로 깨닫게 하고 스스로 인식하도록 하는 것이 중요하다고 말하였다. 현대의 양육지침서들은 '아동을 이해하자' '아동을 인정하고 수용하자' '아동을 칭찬하며 키우자'라고 이야기한다. 그러나 일면에서는 아동이 말을 듣지 않기 때문에 '버릇없는' 유아를 엄하게 키워야 한다면서 체벌을 가하거나 학대하는 부모도 있다.

그러나 우리들의 어린 유아도 부모의 행동이나 생활태도 등을 분명히 지켜보고 있다. 부모의 모순된 태도, 물건 다루는 방법, 살아 있는 생물에 대한 태도 등을 잘 보고 있다. 유아는 부모를 모델로서 바라보고 부모의 태도나 사고방식을 자기의 것으로 배워 간다.

부모는 자신의 모습 가운데서 인간적으로 좋지 않은 면을 자녀가 닮아 가는 것에 대해 어떤 기분이 들까? 그런 때마다 부모는 자신의 모습과 행동을 고쳐가면서 아동에게도 올바른 규칙을 세울 수 있도록 해야 한다. 부모이기도 하지만 아직 전체 인생을 볼 때 미성숙한 면이 많은 시기에 있다는 것을 부인할 수 없다. 아동을 더없이 사랑하고 소중한 존재로 존경하기 때문에 명령하고 엄하게 대해야 하는 면도 있는 것이다. 무엇보다도 자신이 아동의 모델이 되고 있다는 것을 항상 염두에 두고 자신도 부모로서 성장해 가는 것이 중요하다.

한편 현대 사회에 들어서게 되면서 유아를 양육하는 시기는 부모의 전체 인생을 두고 볼 때 상대적으로 이른 시기에 속하게 되었다. 양육기간을 다 마치더라도 20, 30년의 인생이 더 계속되는 것이다. 생활방식과 양육에서의 기간의 변화는, 남성보다도 여성에게 크게 영향을 미치고 있다. 과거는 아이를 출산하고 길러내는 것만으로 여성의 인생의 목적이 대충 달성되었으나 지금에는 단지 양육만이 인생의 전부라고 하는 생각은 변화하게 되었다. 이제는 여성도 남성과 같이 양육과 자기실현이라는 두 가지 가치를 양립할 수 있는 가능성이 보이게 되었다.

이러한 방향은 남녀가 함께 참여하는 사회로의 진전이고, 남성도 여성과 함께 가정생활과 사회적 활동을 담당하는 것이 바람직하게 여겨지는 사회가 된 것이라고 말할 수 있다. 그러나 '양육'과 '자기실현'의 양립이라는 가치로부터 더 나아가 양자의 통일을 향하여 가는 길에는 아직 해결되어야 하는 많은 문제가 남아 있다.

2) 가정에서의 영유아보육

(1) 기본적 신뢰감 형성

생후 6, 7개월경부터 아기는 자기를 돌봐주는 성인(젖을 먹여 주고, 기저귀를 갈아 주고, 안아 주고, 얼러 주고, 따뜻한 물에 씻겨 주는 고마운 사람)에게 기본적인 신뢰감을 가지며 응석을 보인다. 가까이 하려 하고, 미소를 보여 주고, 나가려고 하면 울고, 양손을 들어 안아 달라고 보챈다. 걷기 시작하면서 활발하게 주위를 탐색하게 되어도, 자기가 신뢰하는 양육자를 안전기지로 삼고 활동하고 있다. 양육자의 입장에서는 눈과 손을 떼어 놓을 수 없는 성가심은 있지만 아기가 제일 귀여운 때이기도 하다.

이와 같이 아기가 어머니에게 특별하게 강한 애정을 보이고 친숙해지는 것에 주목하여, 볼비(J. Bowlby, 1907~1990)는 이것을 '애착(attachment)'이라고 정의하였다.

애착형성의 연구는, 영아기 사회적 접촉의 부족이 신체적 · 인지적 지체를 가져온다는 버려진 영아들에 대한 1930년대의 호스피탈리즘의 연구와 관계를 갖고 활발하게 진행되었다. 분명히 많은 아기들이 이 시기에 그 강약의 정도는 있어도 특정인에게 애착을 보이는 것이 관찰된다. 애착연구는 초기에는 애착의 대상을 주요한 양육자인 어머니에게 초점을 두어 어머니와의 관계 속에서 주로 연구되었다.

그러나 애착의 대상을 어머니에게 한정하는 것은 어머니가 육아를 전업으로 하는 근대 이후의 핵가족을 전제로 하는 것이다. 근세나 중세에 유모에게 길러지는 아기나, 보육기관에서 부모나 교사 등 복수의 양육자에 의해 길러지는 아기의 경우는 어떠한가? 이 시기에 아기는 적지 않은 가까운 사람들과 기본적인 신뢰관계를 구축하고 있는 것을 알 수 있다. 그럼으로써 스스로가 사랑받고 있는 것과 이 세계에서 수용받고 있는 것을 느끼는 것이다. 이 신뢰감과 행복감은 그 아이가 성인이 되어도 마음 깊이 뿌리 내려서 생애 내내 '살아가는 힘'이 되어 가는 것이다.

(2) 기본적 생활습관

배변, 식사 등의 기본적 생활습관을 몸에 익히게 하는 것은 가정에서 아이에게 심어 주어야 할 양육의 중요한 영역이다. 이유기부터 영양의 균형이 맞는 규칙적인 식사를 주고, 식후의 이 닦기 등의 습관을 갖게 하는 것은 부모의 책임이다.

오늘날에는 젊은 '양육 핵가족'이 이 어려운 일을 고군분투하며 해가고 있다. 남편이 아침에 일찍 출근하고 저녁 늦게 집에 돌아오는 가정이라면 어머니와 아이만이 식사를 하는 경우가 많아진다. 과거에는 조부모나 다른 여러 식구들이 한자리에 둘러앉아서 식사하는 풍경이 보편적이었다. 이때 아이는 부모나 웃어른이 먼저 수저를 들기 전에 수저를 들지 않고, 먹기 전에 '잘 먹겠습니다.'로 시작하여 '잘 먹었습니다.'로 인사하며 식사를 마치는 것이 일상적이었다. 하지만 현대에는 이와 같은 생활습관이 가정에서 사라져가고 있는 현실이다. 그만큼 현대사회가 바빠지고 있다는 의미다.

배변훈련은 최근에는 기저귀의 질이 좋아져서 기저귀를 떼는 시기가 늦어지는 경향이 있다. 3, 4세 유아 중에 기저귀를 차고 유치원에 입학하는 아이도 있다고 교사들은 이야기한다. 따라서 적어도 유치원에 입학할 즈음에는 기저귀를 빼고 유아용 배변기를 스스로 사용할 수 있게 되도록 해야 할 것이다.

먹는 것과 배설하는 것과 자는 것은, 3세 말까지의 유아의 생활의 기본이고 이를 훈육하는 것은 가정에서 부모가 해야 하는 양육의 중심이라는 것을 다시금 인식할 필요가 있다.

(3) 언어 및 인지발달

3세 미만의 아이를 가진 부모들이 유아의 '말이 늦다.' '발음이 부정확하다.'와 같은 고민으로 상담을 원하는 경우가 자주 있다. 유아가 사용하는 단어는 그 아동의 정신발달과 밀접한 관련이 있다. 만 3세까지 어느 정도의 단어를 사용하여 의사소통이 가능하지 않는 경우는 당연히 전문기관에 상담해 보는 것이 좋을 수 있다. 그러나 특별한 경우를 제외하고는 이 연령의 아동의 '언어발달'에는 큰 개인차가 있다.

또한 예를 들어 유치원의 5세 아동을 관찰하면, '언어가 유창하여 친구들과 이야기를 잘한다.'는 유형의 아이와 '말수가 적지만, 사물에 대해 차분하게 파악한다.'는 유형의 아이가 있다. 이와 같은 성향의 차이는 성인이 되어서도 보이는 것이기 때문에 '언어의 개성'이라는 것도 고려할 필요가 있다.

아동은 가정에서 부모를 시작으로 자기와 가까운 사람과 상호교류를 통하여 언어를 몸에 익혀가기 때문에 가정에서의 '언어 환경'이 무엇보다도 중요하다. '유아 언어'에 맞추어 친절하게 반응하는 부모는 아동과의 '언어적 상호작용'을 잘하고 있는 것이다. 그와 같은 '언어

환경'이 전혀 없는 가정은 실제 없겠지만, 그 풍부함은 가정에 따라 매우 다르다. 1세 반 경부터 아동은 짧은 그림책에 흥미를 갖게 되고, 그 이후에는 자기 전에 들려주는 이야기나 그림책 읽어 주기를 즐기게 된다. 이것도 '언어 환경'의 중요한 한 요소다.

유아가 일상적인 활동 속에서 사용하고 있는 '말하기 언어'와, 유아를 둘러싸고 있는 환경 가운데 있는 '쓰인 문자 혹은 기호'의 '의미'가 어느 순간 결부되어 의식되면서 자발적으로 읽기 쓰기를 시작하게 된다. 이것을 '발생적 문식성(emergent literacy)'이라고 말한다.

최근 영어권에서는 유아기에 중요한 읽기 쓰기 학습의 과정으로 문식성의 개념에 주목하고 있다. 언어체계가 다른 우리나라 국어에서도 같은 과정을 이해할 수 있을 것이다. 유아는 계통적으로 가르치기 전에, 자발적으로 문자나 그림으로 표현하려고 한다.

특히 가정에서 유아에게 책을 읽어 주는 활동이 문식성의 발달에 중요하게 기여한다고 한다(윤혜경, 1999). 유아에게 소리 내어 읽어 주는 것은 유아로 하여금 문어의 형태에 노출하게 하고, 문식자(literate)로 나아가게 하는 촉진적인 역할을 하는 것이다. 특히 읽는 동안에 일어나는 상호작용의 질을 향상시키려는 부모나 교사의 노력은 초기 문식성 발달에 중요한 영향을 준다고 하였다. 옷을 갈아입을 때, 산책을 할 때, 낮잠을 잘 때 등의 시간에 아동과 함께 눈을 맞추고 말을 거는 것, 재미있는 이야기를 만들면서 함께 소리 내어 웃는 것 등이 모두 아동의 '언어 환경'을 풍부하게 만들어 주는 것이다.

(4) 가정과 보육기관의 연계

양육은 사회전체가 함께하지 않으면 안 되는 일이면서 동시에, 부모의 사적인 일이기도 하다. 말하자면, 사회가 여러 선택권을 준비해 두고 부모는 어떻게 양육할 것인가를 선택하는 것이다. 좋은 보육시설의 대기 아동이 증가하고 있는 것도 사실이지만, 보육시설을 증가시켜도 여전히 상당 비율의 부모들은 3세 미만의 자녀를 보육시설에 맡기고 취업하는 것을 선택하지 않는다. 사회가 제공하는 여러 가지의 서비스 중에서, 부모가 '양육과 자기실현'을 양립할 수 있도록 주체적으로 선택하고 책임지는 시대에 들어간 것이다.

그렇다면 보육시설의 보육을 선택한 부모는 어떠한가? 보육시설에 3세 미만의 아동을 맡겼다고 하여, 부모를 통하여 이루어져야 하는 가정에서의 양육이 면제되는 것은 아니다. 보육교사는 부모를 대신할 수 없다. 부모는 보육교사와 연락해 가면서 ① 기본적 신뢰관계, ② 식사, 수면, 배변 등의 생활습관, ③ 아동의 정신발달의 기본영역에 관한 양육의 주체가 되어야 하는 것이다.

예를 들어, 아동이 처음으로 '혼자 서기'나 '걸음마'를 하는 곳이 보육시설이 될 수 있을지 모르지만, 이와 같은 발달의 순간에 부모와 보육교사는 기쁨을 함께 나누어야 한다. 또한 보육시설에서 아동이 하루하루 새롭게 획득하는 '언어'를 부모는 보육교사와 함께 확인하면서 함께 기뻐해야 한다. 이와 같이 아동을 사이에 두고 협동이 잘 이루어지려면 부모의 주체적인 자기선택과 자기결정이 필요하다.

3) 가정에서의 유아교육

(1) 유아의 친구관계

아동은 3세경이 되면 유치원이나 어린이집 또는 놀이집단 등을 통하여 친구를 사귀게 된다. 유아의 친구관계는 사이좋게 놀고 있다고 생각하면 금방 싸움이 시작되거나 울음이 터지는 등 성인에게는 이해할 수 없는 일이 빈번히 일어난다. 유아는 처음으로 또래와의 관계를 체험하고 인간관계를 배우기 시작하는 것이다. 친구관계에서 갈등이나 좌절을 체험하고 자기의 뜻대로 되지 않으면 아동은 자신이 절대적으로 신뢰하고 있는 부모라는 안전기지로 돌아온다. 부모는 또래들 간의 다툼에 대해 내 아이가 인간관계를 배우고 있는 과정이라 생각하고 참고 지켜봐 주는 것이 중요하다.

아동의 친구관계의 확장과 함께 부모의 관계도 넓어진다. 그렇지만 부모들 간의 인간관계에서도 다툼이 생길 때도 있다. 갈등의 대부분은 '우리아이가 난폭하게 당했다.' '따돌림 당했다.' '예의에 어긋난다.' '과자를 이긴 사람에게만 주었다.'라고 하는 등 대부분이 아동을 둘러싼 것이다. 여기서도 부모가 주체성을 가지고 아동에 대한 이해를 상호 간에 깊게 해 나가면 해결될 수 있는 것이다.

(2) 기본 생활습관 형성

아동이 3세 이상이 되면 옷 입고 벗기, 식사, 용변기 사용 등 신변생활의 자립이 대체로 가능해진다. 그러나 최근에는 기저귀를 차고 유치원에 오거나, 편식이 심하거나, 혼자서 바르게 먹기를 잘하지 못하는 등의 문제가 지적되는 경우가 많다. 식생활이나 배설의 습관은 유아기에서 매우 중요하다.

한편 유아를 가족의 일원으로 취급하고 가사의 일부분을 담당할 수 있게 하는 것이 바람직하다. '도와주기'라는 단어는 '가사는 어머니의 일'이므로 아버지나 유아가 어머니의 일을 도와준다는 의미가 강하다. 그러나 가족의 구성원이 가정생활에 참가하여 가사 일에 관여하고, 유아도 유아 나름대로 할 수 있는 것을 하는 것이 당연하다고 생각해야 한다. 아동이 '정리정돈'이나 '동식물 돌보기' 같은 것을 꾸준하게 했을 때는 그것을 인정하고 칭찬해 주는 것이 중요하다. 유아는 스스로 이루어 낸 것에 대해 자신감을 갖고, 가정 속에서 작은 시민으로서 살아가는 방법을 몸에 익히게 되는 것이다.

이처럼 서로가 할 수 있는 것을 하면서 서로 돕고 서로 인정해 주면 가족관계는 아동이 성장하면서 독립할 때까지 훨씬 바람직한 것이 될 것이다.

(3) 초등학교 입학 준비

읽기 쓰기 셈하기의 학습은 초등학교에 입학할 때부터 본격적으로 시작된다. 유치원이나 어린이집에서는 놀이를 통하여 수량 인식이나 읽기 쓰기의 기초가 키워지고 있다.

아동과 함께 쇼핑을 하거나 산책을 나가서 주변에 얼마나 많은 문자정보가 넘쳐나고 있는가를 보자. 간판의 이름, 사물에 적혀 있는 이름, 한글뿐 아니라 영어의 간판이나 표지도 눈에 들어온다. 유아는 환경 속에 널려 있는 문자나 기호에 관심을 갖게 되고, 자발적으로 읽고 해석하면서 간단한 글씨로 상품 이름을 쓰는 등 문자와 친숙해지고 문자를 활용하게 된다.

'5세의 후반이 되어도 아동이 문자에 전혀 관심을 보이지 않는다.' 라고 상담하는 부모의 마음은 불안한 것이 당연한 것이다. 그렇지만 워크북을 사용하여 유아가 억지로 문자 학습에 몰두하게 하기보다는 유아 자신이 자발적으로 흥미를 갖고 그림이나 문자로 표현하도록 격려하는 것이 보다 더 중요하다. 가정에 그림책이나 사물 이름책이 있는가, 가족 간의 메모나 편지 쓰기 같은 문어환경에 얼마나 노출되는가가 유아의 흥미에 영향을 주는 것이라 할 수 있다.

아동이 학령기에 가까워지면 부모들은 여러 가지 걱정을 하게 된다. 학교 공부를 따라갈 수 있을까 하는 걱정에서부터 친구들에게 따돌림 당하지는 않을까 등의 문제로 불안해한다. 학교에서 좋은 성적을 얻게 하고 싶어 하는 바람도 부모로서는 당연한 것이다. 부모는 자녀의 개성이나 특성을 확실히 파악하여 아동의 보호자로서 여러 가지 문제에 대처해 가지 않으면 안 된다.

또한 최근에는 자녀가 정신적으로 건강하게 잘 자라고 있는가를 고민하는 부모도 늘고 있다. 초등학교 입학 준비와 학교 적응 등 여러 가지 아동의 문제로 고민하는 가정도 적지 않다. 오늘날 양육의 문제는 작은 가정 안에서만의 문제가 아니라 보다 큰 사회적 차원의 문제가 되고 있다. 우선 가정 내에서 부모나 조부모가 아동을 중심으로 차분하게 서로 대화하는 것이 중요하다. 그런 위에 고민이나 문제를 작은 가정 내에 한정시키지 말고, 지역의 네트워크나 유치원, 보육 기관에서 상담하고 함께 해결해 가는 것이 매우 중요하다.

(4) 부모와 교육기관의 파트너십

교사의 관점에서 현재의 부모자녀관계를 바라보면 도저히 이해하기 어려운, 꼭 고쳐 주고 싶은 점이 적지 않을 것이다.

예를 들면, 한 아동이 '유치원에서 물구나무서기를 할 수 있게 되었다.'라고 정말로 자랑스럽게 말하고 있는데 부모가 그런 점을 진심으로 공감할 수 없는 것 등이다. 그런 부모를 보면 '좀 더 아동과 함께 기뻐해 주세요.'라고 말하고 싶어진다. 그러나 또 부모가 적당한 반응을 유아에게 해 주고 싶어도 잘 되지 않는 경우도 있는 것은 아닐까?

거기에는 다음과 같은 주요한 두 가지의 이유가 있다고 생각한다.

첫째, 부모는 아동과 함께 기뻐해 주는 것이 중요하다는 것을 알고 있음에도 불구하고 아동에 대하여 다른 요구를 갖고 있다든지, 또한 부모 자신도 살아나가는 데서의 스트레스로 아동에 대한 따스한 시선을 잃어버리기 쉽기 때문인 것이다.

둘째, 유치원, 어린이집에서 행하고 있는 다양한 놀이가 도대체 어떤 의미로 아동의 배움과 자람에 관련되는가를 부모가 구체적으로 이해하지 못하기 때문이다. 즉, 이것을 한마디로 정리해 보면 교사가 너무 당연하게 생각하는 것을 부모가 이해하지 못할 수도 있다는 사실이다.

이와 같은 부모의 입장을 생각한다면, 현재의 유치원, 어린이집에서는 다음과 같은 점을 유념해야 한다. 첫째, 현대생활에서의 부모의 양육 스트레스를 공유하고 함께 이야기하는 것이다. 둘째, 유아가 배우고 자라나는 보육의 구체적 모습(직접 보여 주기 등)을 통하여 부모를 납득시키는 것이다. 이런 두 가지 사항은 교사가 부모에게 '가르치는' 형식이 아니라 부모를 '협력자'로서 인정하고 상호 간의 힘을 모아야 가능하다고 생각한다. 그리하여 부모는 유치원과 어린이집 교육의 공동체의 일원이 되는 것이다.

현대의 아동을 둘러싸고 있는 심각한 문제를 생각해 본다면, 이와 같이 부모를 교육 공동체의 일원으로서 자리매김하는 것은 매우 중요한 일이다. 다시 말해 진정한 의미의 부모와의 파트너십을 만들어 가는 것은 유치원과 어린이집의 중요한 역할이 되는 것이다.

그리고 이런 사고방식을 보다 확장하여 부모를 포함한 원 외의 다양한 물적, 인적 환경을 '교육 공동체의 일원'으로 받아들이는 것이 매우 중요하다. 유치원, 어린이집에서 살아가는 유아들이 공동의 감정, 공동의 시간을 소중하게 영위해 가도록 하면서 원 외의 다양한 문화나 사람들과 접하게 하는 것은 지금부터의 유치원과 어린이집의 과제라고 말할 수 있다.

5. 현장에서 발달지식의 활용

1) 아동의 입장에서 바라보기

20세기 후반에는 아동심리학 연구의 대상 연령이 낮아져서 유아뿐 아니라 영아에 대한 연구도 활발하게 진행되었다. 따라서 영유아의 발달에 관련된 지식을 많이 축적하게 되었다. 영유아의 발달이론에 관하여 부모나 교사, 보육담당자가 잘 알고 있는 것이 좋다는 것은 두 말할 필요도 없다. 실제로 매일매일 직접적으로 아동과 관련된 교육과 보육실천을 하고 있는 사람은 연구자가 아니라 교사들이다. 경험 있는 교사나, 아동에 관해 애정과 민감성을 가진 부모들은 발달심리학자가 설명하는 아동의 발달의 특질을 이미 전부 알고 있는 듯이 실천하고 있는 모습을 많이 볼 수 있다.

그러나 발달에 관한 지식에 지나치게 의존하여 아동의 지적 발달의 지표를 자녀의 행동에 비추어서 일희일비하는 것은 바람직하시 않는 일이다. 아기의 지적 발달은 아기의 건강이나 정서, 행동의 발달과 밀접하게 관련되어 있다. 자녀가 대체로 보통으로 발달하고 있다면 불안해하거나 조급해하지 않는 것이 바람직하다. 만약에 아기가 반응을 너무 안 보인다든지 표정이 결핍되어 있다고 생각한다면 전문가에게 상담하는 것도 좋을 것이다.

피아제는 유아의 자기중심적 사고는 자신의 신체나 지각에 집중된 사고라고 설명하였다. 유아에게 '젓가락을 쥔 손이 오른쪽이야.'라고 가르칠 수 있던 부모들은 '좌우의 개념을 신체와 결부시킨다면 쉽게 이해할 수 있다.'라고 하는 유아의 심성을 이해하고 있는 것이다. 초등학교 1년생들 앞에 서 있는 교사는 가역성의 개념이 어려운 1학년생에게 오른쪽을 가리킬 때, 방향을 바꾸어서 아동들과 같은 방향으로 가리키면 아이들이 이해하기 좋다는 것을 알고 있다.

2) 발달을 과정으로 바라보기

아동의 발달을 고려하거나 지도 계획을 세울 때 '발달단계'나 '발달과제'라고 하는 말을 들을 수 있다. 여기서는 이러한 '발달단계'나 '발달과제'라는 것은 어떤 것이고, 어떻게 파악하는 것이 좋은지 생각해 보고자 한다.

인간의 '발달'에는 그 시기나 연령에 특별한 '단계(발달단계)'가 있다고 여겨진다. 그래서 각 단계에는 달성해야 하는 과제가 있고 그런 것들은 '발달과제'라고 불린다. 이에 대해서는 많은 연구자(특히 심리학자)가 여러 관점에서 '발달'을 단계로 만들고, 단계에 대한 과제를 제시하고 있다.

'발달단계'나 '발달과제'는 아동이 성장해 가는 과정에서 '발달'의 특성 등을 이해하는 데 자원의 하나가 된다. 그런 의미에서는 아동의 '발달'을 돕는 전문가인 교사가 그것을 이해해 두는 것은 필요할 것이다.

그러나 이것은 어디까지나 평균적인 경향이고, 일반적 성장의 하나를 파악하는 안목이다. 그래서 '발달단계'를 아동의 '발달'의 '기준'이나 '표준'의 지표로 보고 '바라는 모양'으로 파악하여 '발달과제'를 각 시기의 교육적 목적으로 보는 것은 문제라고 말할 수 있다. 만일 그와 같을 경우에는 개개의 아동의 '발달'을 그 '기준'과 비교하여 '할 수 있는가' '할 수 없는가', 이를테면 '진보하고 있는가' '늦어지고 있는가'와 같이 표면적인 모양으로 판단해 버릴지도 모른다.

교사나 보육담당자가 '발달'을 파악하는 방법은 도달도를 의식하여 단계를 올라가는 것이 아니라 자연스럽게 산길을 가듯이 올라갔다 내려가는 것을 반복하면서 도중에 경험하는 하나하나에 의미를 발견해 가는 과정이라고 생각할 수 있다. 결국 아동의 '발달'을 일직선으로 보지 않고 가다가 돌아가다를 반복하면서 지그재그를 그리며 나아가는 것으로 파악하고 그의 과정에 주목하는 것을 제안한다.

이러한 관점이 결국 발달을 과정으로 바라보는 견해다. 이와 같이 발달을 본다는 것은 어느 시점에서의 아동의 모습도 '도달한 하나의 결과'가 아니라 '그 아이의 발달의 과정 가운데서 나타나고 있는 모습'으로 파악하는 것이 된다. 또한 이러한 생각 속에는 아동의 연령이나 다양한 시기의 특성을 이해해가는 것도 역시 중요한 것이 된다.

3) 최근접영역에서 실천하기

비고츠키의 발달이론은 인간사회의 상호작용이나 문화를 중시하지 않는 성숙설이나 지능검사의 발달관에 날카로운 비판의 화살을 던졌다. 비고츠키는 교육이라는 것은 자연적으로 성숙하는 것을 수수방관하며 바라보고 있는 것이 아니라 발달에 앞서서 발달을 만들어 가는 것이라고 역설하였다. 이러한 이론은 20세기 전반의 심리학 연구의 영역에서는 획기적인 것이었다. 그러나 매일매일 유아와 생활하면서 교육을 실천하고 있는 교사, 보육담당자로서는 어떤 의미에서는 당연한 것이라 말할 수 있다.

그렇다면 여러 가지 능력의 발달에서 어떻게 최근접영역을 발견할 수 있을까? 확실히 이런 점에서 교육 실천가는 유아들과 접한 경험으로부터 전문적 지식을 축적해 나가고 있다고 말할 수 있다. 최근접영역을 나타내는 방법은 유아마다 각기 다르다. 유치원에서 매일 유아들에게 그림책이나 낱말카드 읽어 주기를 한다면, 유아는 시간이 지나면서 마음에 들었던 그림책을 스스로 읽을 수 있게 된다. 그런 유아는 자유 시간에 그 그림책을 펼쳐 줄거리를 생각해 가면서 문자를 따라 읽어 간다. 자신이 읽을 수 없는 글자에 부딪히면 교사에게 물으러 간다. 교사는 유아가 '읽기'의 최근접영역에 들어가 있는 것을 알아차린다. 교사는 정성껏 주의를 기울여 읽는 방법을 가르칠 수 있게 된다. 즉, 그 아이가 그림책을 좋아하는 것을 격려하면서, 한층 더 읽기를 진행시킬 수 있게 하고 다음에 읽을 그림책을 주의 깊게 선택한다. '내일의 발달수준'을 기대하면서 교육실천을 하고 있는 것이다.

이와 같이, 자신이 보육하는 유아 개개인의 흥미나 관심에 기초하여 발달을 촉진하는 활동을 확실히 파악한 교사의 행동이야말로 '최근접영역'에서의 교육을 실천하고 있는 것이다. 이러한 영역과 동떨어진 곳에서의 획일적인 조기교육은 비고츠키의 이론과는 무관한 것이라 말할 수 있다.

참고문헌

윤혜경(1999). 어머니와 유아의 책읽기 프로그램이 유아의 언어발달 촉진에 미치는 효과. 숙명여자대학교 박사학위 청구논문.

本田由紀(2008).『家庭教育の陥路: 子育てに强迫される母親たち』. 勤草書房.

広田照幸 編著(2006).『子育こしつけ』. 日本図書センター.

Children's Resources International (2002). *Creating child-centered programs for infants and toddlers.* Washington, DC: Children's Resources International.

Decker, C. A., & Decker, J. R. (2004). *Planning and Administering Early Childhood Programs* (8th ed.). Englewood Cliffs, New Jersey: Prentice-Hall.

Estes, L. S. (2004). *Essentials of Child Care and Early Education.* Boston: Pearson.

Graue, M. E., & Walsh, D. J. (1998). Studying *Children in Context: Theories, methods and Ethics.* Thousands Oaks, CA: Sage.

Roopnarine, J. L., & Johnson, J. E. (2004). *Approaches to Early Childhood education.* Upper Saddle River, NJ: Prince-Hall.

Schwartz, S. L., & Robinson, N. F. (1982). *Designing curriculum fo rEarly Childhood.* Boston: Allyn and Bacon.

Spodek, B., & Saracho, O. N. (1999). *Issues in Early Childhood Curriculum.* Troy New York: Educator's International Press Inc.

Taylor, B. J. (2002). *Early Childhood Program Management* (4th ed.). N.J.: Merrill Prentice-Hall.

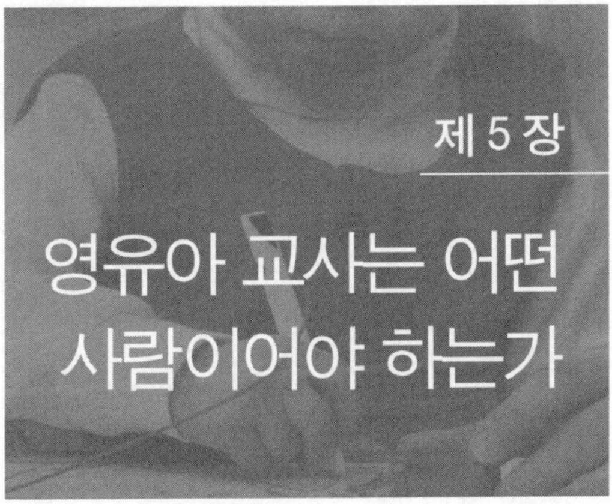

제 5 장

영유아 교사는 어떤 사람이어야 하는가

제5장_ 영유아 교사는 어떤 사람이어야 하는가

1. 교사에 대한 우리들의 기대

1) 교사의 하루

교사는 하루 동안 어떤 일들을 하는가? 한 유치원 교사의 하루를 들여다보자.

교사의 하루는 분주하다. 아동이 등원하기 전과 하원 후에는 어떤 일을 할까? 회의를 통한 연락이나 전달, 교실환경의 정비, 교육내용의 기획 준비, 그리고 당연히 해야 하는 기록 작성 등을 한다.

아동이 원에 있는 동안, 교사는 아동과 생활을 함께하고 아동의 놀이를 지도한다. 아동이 기본생활습관을 몸에 익히도록 지도하고(인사, 손 씻기, 정리정돈, 식사 등), 놀이를 통하여 배우도록 지도(환경정비, 좋아하는 놀이 실시, 교육계획안 실천)한다. 유아의 안전과 건강을 배려하는 데도 소홀해서는 안 된다. 이와 같이 교사는 많은 일을 책임지고 있다.

2) 교사에게 기대되는 역할

현대 사회에서 교사에게는 어떠한 역할이 기대되고 있는가? 아동, 부모 및 사회가 교사에게 거는 기대는 다음과 같은 것이 있다.

아동은 교사를 좋아하고 따른다. 아동은 교사에게 많은 기대를 가지고 있다. 아동은 자신을 칭찬하고 인정하고 격려하고 지지하고, 때로 인도해 주고 많은 도움을 주는 교사이길 바란다. 또한 자신과 함께 즐거운 시간을 보내고 새로운 경험을 중시하고 성장해 가는 교사이길 바란다. 아동에게 교사는 자신에게 제일 가까운 성인 중 한 사람인 것이다.

기대와 불안 속에서 아동을 양육하고 있는 많은 부모의 입장에서 바라보면 교사는 어떤 존재일까? 부모에게 교사는 아동을 함께 양육하고, 아동과 생활을 함께하면서 보호하고, 아동을 교육하는 역할을 담당해 주는 사람이다. 특히 부부가 함께 일하는 부모의 경우, 교사는 장시간에 걸쳐서 그러한 역할을 담당한다. 따라서 교사는 부모들의 다양한 생활방식에 맞추어 다양한 보호와 교육의 기대에 부응하고 있다.

현대 사회는 교사에게 이후의 초등학교 교육에 필요한 사회성이나 학습의욕, 기초학력 등을 키워 줄 것을 기대하고 있다.

또한, 보편적으로는 교사에게 아동을 돌보고 교육하는 역할을 담당해 줄 것을 기대하고 있다. 일반적으로 교육에 대한 사회의 기대는 문화전달, 사회화라고 말할 수 있다. 문화전달이란 기본적 생활습관, 언어, 과학적 지식 등을 말한다. 사회화를 위해서는, 사람에 대한 기본적인 신뢰관계를 비롯하여 긍정적인 인간관계를 위한 교육과 생명을 자비롭게 생각하는 마음, 평화를 소중하게 생각하는 마음, 환경을 지키는 마음을 기르는 것 등을 들 수 있다.

이러한 내용은 대단히 보편적인 것이나 실제는 그렇게 단순하지 않다. 왜냐하면 문화전달이나 사회화는 공통적으로 가치와 관련된 문제이기 때문이다. 문화전달이나 사회화는 사람의 생명의 존엄성, 자연환경의 존중, 평화 사랑, 정의감이라고 하는 윤리관을 기르는 것과도 관계가 깊다. 한편 저출산 고령화 사회가 도래하면서 교사에게 지역의 양육 지원자로서의 새로운 사회적 역할이 기대되고 있는 것 같이, 시대와 개인의 입장에 따라서 그 기대는 변화되기도 한다.

교사는 아동의 욕구, 보호자의 기대, 그리고 그 위에 사회의 기대를 알고 자신의 역할을 수행해 가는 것이 필요하다. 물론 이를 위해서는 그러한 욕구에 항상 응할 수 있도록 노력하는 것이 중요하다. 뿐만 아니라, 아동의 '최선의 이익'을 전제로 스스로 역할을 재고하고 판단하는 것도 필요하다. 교사는 사회 체계 속에서 사회의 요구에 대응할 수 있어야 할 뿐 아니라 스스로가 교육을 창출해 낼 수 있는 존재가 되어야 하기 때문이다.

현대는 저출산 고령화가 진행되면서 가정이나 지역사회의 교육기능은 현저히 저하되고 있는 실정이다. 대신 유치원이나 어린이집에 대한 교육적 기대가 점점 커가고 있다. 보육시간은 연장되고, 유아교육기관에 다니는 아동은 저연령화되고 있다. 정서 교육이나 기본적 인성에 대한 고려, 개성을 길러 주는 개별성이 배려된 교육 등, 그 내용도 점점 넓어져 간다. 교사는 무엇보다도 아동을 중심으로 두고 교육에 대한 다양한 기대를 고려해 가면서, 그것에 부응해 줄 것을 요구받고 있는 것이다.

2. 교사는 전문가

1) 교사는 (준)전문직

교사뿐 아니라 목사, 의사, 변호사 등 많은 전문직이 확립된 것은 일반적으로 19, 20세기 전환기인 것으로 이야기되고 있다. 이 시기 많은 전문직에 관하여 면허제도나 양성 체계가 정비되고 역할과 의무의 영역도 명확해졌다. 전문직화에 관한 많은 선행연구가 축적되면서 전문직화의 전형적 지표가 제시되었다. 맥클란드(D. McClelland, 1917~1998, 1993)가 정리한 지표를 예시하면 다음과 같다.

- 고도로 전문화된 고등교육
- 행위에 대한 특별한 규정(윤리)
- 이타주의, 공적 봉사
- 엄격한 자격시험, 심사, 허가증 수여
- 높은 사회적 지위
- 높은 경제적 보수
- 직업적 경력의 관리
- 서비스 시장의 독점
- 자율성

교사는 전문직인가? 이 지표를 바탕으로 생각해 보기로 하자.

첫째, 양성과정의 측면에서 고도로 전문화된 교육인가에는 약간 의문이 남지만, 전문화된 고등교육이 이루어지고 있다고 말할 수 있다.

둘째, 보다 엄격한 윤리규정의 정비가 이후의 과제로 남아 있다.

셋째, 공적으로 설립된 직업으로서의 인식은 높은 편이다. 최근 저출산 고령화 사회의 대책으로서도 그 욕구가 점점 높아지고 있다.

넷째, 자격은 법정화되어서 확립되어 있다고 할 수 있다. 그러나 재교육이나 연수제도가 보다 내실화될 필요가 있다.

다섯째, 여섯째에서는 과제가 많다. 아동의 교육을 담당하는 직업으로서 신뢰받고 있는 점은 있으나, 교사의 연령층이 낮고, 따라서 평균보수도 낮다.

일곱째, 직력 패턴은 대충 확립되어 있으나 그것도 과제가 많다. 사립시설의 경우 많은 교사가 5년이 못되어 퇴직한다. 계속 근무하는 경우 주임, 원장 등 책임이 따르는 직무로 이행하지만 그 직무는 단순하다. 전문가에 걸맞게 학습을 조장하고 배우고자 하는 의욕을 촉진하는 체계라고는 말할 수 없다.

여덟째, 아홉째에서는, 유치원에서는 유치원 교사 자격이, 어린이집에서는 보육교사 자격을 따는 것이 취직의 조건으로 되어 있다. 업무가 독점되어 자율적이라고 말할 수 있다. 그러나 보육서비스가 다양화하는 현재 일시 탁아, 가정탁아 등에서 자격을 갖지 않은 사람들이 일하는 모습을 볼 수 있다. 보육서비스의 질의 유지를 위해서는 다양한 종사자의 자격 규정을 명확히 할 필요가 있다.

이상으로부터 교사는 전문직이면서 급여나 대우, 연수 체계에서는 준전문직에 해당된다고 생각할 수 있다.

2) 교사의 핵심적인 전문 요건

교사에게 필요한 여러 전문성의 요인 가운데 가장 핵심적인 것은 무엇인지를 생각해 보자. 우선, 교사에게 기대되는 아동관, 직업관으로는 어떠한 것이 있을까? 참고로 전미유아교육협회(NAEYC)가 표명하고 있는 '아동에의 약속'을 소개하고자 한다. 이것은 지금까지 축적되어 온 유아교육 연구의 집대성이고, 현재 널리 수용되고 있는 아동에 대한 사고방식을 반영한 것이라 말할 수 있다. 아동과 직접 접촉하면서 아동의 양육에 힘쓰는 전문가인 교사에게는 다음과 같은 자세가 기대되고 있다고 여겨진다.

실제로 교사에게는 무엇보다도 아동을 이해하는 것이 필요하다. 그 다음에는 아동에 대한 이해에 기초하여, 학습을 계획하고, 실행하는 것을 들 수 있다. 다음에서 교사의 전문성을 두 가지로 나누어 깊이 생각해 보고자 한다.

(1) 이론에 대한 지식과 기술

교사가 아동을 이해하려면, 아동이 물적 인적 환경과의 상호작용을 통하여 발달하는 존재라는 점과 아동의 발달에 일정한 법칙이 있다는 점을 인정하는 것을 전제로 한다.

이 전제를 바탕으로, 아동 이해는 크게 세 가지 측면에서 생각해 볼 수 있다.

첫째, 아동을 그 자체로서 이해한다는 점이다. 발달, 학습의 특징 및 아동의 성격을 이해한다. 각 상황에서 아동의 감정, 아동의 생각을 이해한다. 여기에는 일반적인 지식과 아동을 통찰하는 기술이 필요하다.

둘째, 아동과 그의 사회환경의 이해다. 아동을 둘러싸고 있는 사회환경이나 생활환경에 관한 지식을 갖고, 또한 그것을 통찰하는 기술이 필요하다. 아동이 환경 속에서 자라고, 또한 스스로가 환경에 작용하고, 환경을 만드는 존재이기도 하다는 것을 충분히 인식해 둘 필요가 있다.

셋째, 아동과 그의 인간관계에 대한 이해도 중요하다. 아동을 둘러싼 인간관계는 복잡하다. 부모자녀관계, 또래관계, 대인관계 등의 특징을 알고, 또한 개개의 아동의 발달을 촉진할 수 있는 환경을 발견하는 힘이 교사에게 필요하다.

한편 유아교육 · 보육 분야에서는 전문성을 나타내는 전문적 지식기반으로서 발달에 대한 지식이 매우 중요한 것으로 여겨지고 있다. 우리나라를 포함하여 세계 각국의 유아교육실천의 지침에서, 연령이나 단계에 따른 아동의 발달 과정이 지표로서 제시되고 있다. 아동 개개인의 개별성을 배려하기 위해서는 그의 개인차를 존중하는 교사가 한층 더 많아지지 않으면 안 된다.

판단하고 실천하는 교사에게 발달의 과정에 관한 표준지식(발달지식)은 없어서는 안 되는 필수적인 것이다. 물론 실천하는 과정에서 체험적으로 아동 개개인으로부터 배우는 개별의 지식도 빼놓을 수 없는 것이다. 그러나 이러한 지식의 중요성은 일반화된 지식의 유효성을 부정하는 것이어서는 결코 안 된다.

'지식은 아동을 있는 그대로 보는 데 방해가 된다.' '선입관이 생기기 때문에 기록에 의존하지 않고 읽지 않는다.'라고 조언하는 선배교사가 있다고 하자. 여기서는 '지식'과 '기록'이 '지식의 사용방법' '기록의 활용방법'과 혼동되고 있는 것에 주의할 필요가 있다. '지식'이나 '기록'은 그의 '사용방법'과 '활용'에 따라서 유용한 것도 될 수 있으며 위험한 것도 될 수 있다.

유아교육 · 보육의 실천에서 중요한 것은 발달지식을 어떻게 활용하는가다. 일반화되고 표준화된 발달지식은 아동을 지체아나 문제아라고 낙인 찍는 지침서로서 기능하는 것이 아니라 교사가 아동의 발달을 이해하는 가이드라인으로서 기능하여야 하는 것이다.

(2) 실천에 관한 지식과 기술

앞서 제시한 것과 같이 교사는 결국 아동의 흥미, 관심 및 요구를 파악하고 물적 환경과 인적 환경을 파악해야 한다. 그러고 나서 아동에 대한 통합적 이해에 기초하여 교육해야 한다.

교육에는 환경정비와 계획이라고 하는 사전에 준비할 수 있는 내용이 있다. 또한 동시에 아동의 요구에 대응하여 이루어지는 지원, 아동이 창출해 내는 놀이의 보조, 또래들과의 인간관계를 도와주기 등과 같이, 그때그때 판단을 필요로 하고 지원하는 내용도 있다. 교사가 아동을 지도하기 위해서는 학습의 내용에 관한 지식과 더불어 경험적으로 쌓아갈 수 있는 기술도 필요하다.

게다가 교사는 아동을 이해하고 지식을 활용하고 발달을 통찰해 가면서 다양한 경우에 아동을 지원하게 되는데, 이때 지식과 기술을 바탕으로 판단을 내리는 것이 필요하다. 교사에게는 무엇보다도 당면한 문제를 정리하고 스스로 문제해결을 할 수 있는 능력이 필요한 것이다.

요약하면, 교사는 전문적인 지식과 기술을 이용하여 아동을 이해하고, 실천을 계획하고, 아동과 관계를 맺고 아동과 함께 실천을 해 나가는 존재다. 따라서 교사는 '판단을 내리고' '실천하는' 전문가라고 말할 수 있다.

앞서 설명한 것처럼, 판단에 기초하여 실천할 수 있는 능력이 교사의 전문성을 나타내는 중요한 요인이라 할 수 있다. 판단은 근심이나 번뜩임이 아니라, '과학에 근거한 교육실천'이 되어야 한다. 오늘날에 의학이나 심리학, 심리치료 같은 많은 전문직에서, EBP(Evidenced Based Practice; 근거에 기초한 실천)의 중요성이 지적되고 있다. 유아교육 · 보육의 영역에도 이러한 전문적 실천이 요구된다. 교사는 전문가로서 아동을 이해하고, 지식과 기술을 현장에 적용하고, 아동과 적절한 관계를 만들어 가는 존재인 것이다.

이러한 실천을 위해서 교사에게는, 현장에서 과학적 근거에 기초하여 상황에 맞는 판단을 내려야 하는 것이 필요하다. 하지만 이 '판단'은 아동 한 사람 한 사람이 개별성을 갖고 있기 때문에 공식화하는 것은 매우 어렵다. 그러므로 한층 더 좋은 실천을 하기 위해 교사는 그 실천을 반성하고 스스로가 학습을 계속하는 것이 절대적으로 필요하다.

결국 '전문성의 향상'이 큰 과제가 되는 것이다. 다음에서는 '교사의 전문성의 향상'에 대해서 생각해 보고자 한다.

3. 교사의 생애학습

1) 교사의 연수

현행의 유아교육법과 영유아보육법에서는 연수 등을 통해 교사가 학습을 계속하도록 장려하고 있다.

교사의 연수에는 원내외에서 이루어지는 연구수업과 행정이나 교육기관 혹은 전문조직에 의해 기획, 실시되고 있는 연수가 있다.

원내외의 연수에서는 교육실천을 관찰하고 평가함으로써 다른 교사의 판단과 아이디어를 배울 수 있게 된다. 또한 실천하면서 스스로 안고 있던 의문이나 불안을 함께 나누고 함께 실천을 모색해 보는 귀중한 경험을 갖게 된다.

한편 행정이나 교육기관, 전문조직에 의해 기획 실시되고 있는 연수에는 교직경험에 대응하여 실시되는 연수(초보교사를 위한 연수, 주임연수, 원장연수)와 테마별(아동학대, 부모지원 등) 연수를 들 수 있다.

보육교사의 종사자 교육은 보수교육과 승급교육으로 나누어져 있고, 승급 교육은 교직 경험에 상응한 교육을 받도록 하고 있다.

2) 매일의 기록–교육의 성찰

유아교육 · 보육에서는 접촉하는 아동 개개인이 개별적이므로 그 교육내용과 결과가 여러 가지로 나타나고, 따라서 불확실한 요소가 많다. 같은 연령, 같은 성, 같은 장면에서 같은 이야기 나누기를 행하였다고 해도 아동에 따라 그것을 받아들이는 방법은 매우 다르다. 아동의 이해를 깊게 하고, 더 좋은 교육을 실천하기 위해서 교사는 하루도 빠짐없이 꾸준히 배워 나가야 할 필요가 있다.

매일매일 배우기 위해 교사가 가까이 해야 하는 중요한 방법으로서 기록이 있다. 기록은 전문직에 반드시 필요한 일이다. 기록 작업은 업무내용을 명확하게 하고, 책임의 소재를 명확하게 하는 데도 꼭 필요하다. 동료 교사들 간의 전달에도 기록은 필요하다. 교육현장에서 이루어지는 기록에는 교육계획안, 교육실천을 기록하는 교육일지, 그날의 반성을 기록하는 일기 등이 있다. 기록하는 작업은 생각하게 하는 과정이기도 하다. 기록을 읽고 반성함으로써 다음 교육을 위한 힌트를 얻을 수도 있는 것이다.

현장에서 교육을 실천하면서 그 전문성을 향상시키고 아울러 보다 발전적인 실천을 하는 것은 어떻게 해야 가능할까? 그 답의 하나는, 꾸준히 배우고 반성적 사고를 계속하는 것이다. 미국의 철학자 숀(Schon, 1930~1997)은 '반성적 실천자(reflective practioner)상'을 제시하였는데 (1983), 교사교육, 건강전문가, 건축디자인 등의 분야에서 특히 필요하다고 하였다. 그는 행위하는 가운데서 스스로를 반성하고, 행동해가면서 생각하는 전문가상을 제시하였다. 교사에게도 자신의 행동에 대한 반성과 지속적인 학습이 매우 중요하다.

체험을 기술한다는 것은 단순히 행동이나 할 수 있는 것을 나열하는 것이 아니라, 마치 문화인류학자가 하는 것처럼 제삼자로서 당사자의 체험이 생생하게 보일 수 있게 그 상황을 생생하게 떠오를 수 있도록 기술하는 것이다. 그렇게 함으로써 제삼자에게 교정받는 것도 가능하고, 교사 자신이 자신의 체험을 보고 수정하는 것도 가능해진다.

또한 체험을 기술하는 것은 그 과정 자체로도 매우 유의미한 작용을 한다. 체험을 기술하는 과정에서 성찰이 이루어지고 있기 때문이다. 즉, 기술하는 과정에서 보다 새로운 깨달음과 이해의 전개가 이루어지는 것이다.

따라서 체험을 기술하는 것은 실천하는 가운데 연구를 수행하는 교사에게 매우 중요한 방법이다.

3) 수용적인 교사상

교사가 아동의 주체성이나 자주성을 존중하고 개개인으로 하여금 풍부하게 살아갈 수 있도록 교육한다는 것은 어떤 의미인가? 이것은 교사가 적극적이고 전문적으로 아동과 주체적인 상호작용을 맺어 가는 것이라고 생각할 수 있다. '수동'과 '수용'이라는 단어는 크게 다르다. 교사는 '능동적'으로 '수용'하는 존재다.

'수용'이라는 단어는 상담업무나 카운슬링 등에서 사용하는 개별

상담의 기초적인 원칙이기도 하다. 그러나 이 '수용'이라는 말은 그 의미에서 주의하여 사용할 필요가 있다. 교육실천에서 아동의 상황을 통찰해야 하는 상황이나, 아동의 생각을 추론해야 하는 상황에서 이를 방해하는 '수용'은 단지 수동적인 '수용'이 될 뿐이다.

예를 들어, 아동이 '싫어, 싫어.'라고 하는 소리를 '자아의 싹이 나온다.'라고 쉽게 '수용'하고 그의 배후에 있는 아동의 의도, 예를 들어 교사와 상호작용하는 방법에 대한 거부, 가정에서의 학대 등을 통찰해 내지 못하고 지나친다면 그것은 큰 문제다. 교사에게는 능동적인 아동의 '수용'을 위하여 통찰하는 힘, 다양한 가능성과 선택을 생각하는 힘이 필요하고 이를 위해 지속적인 생애학습이 필요하다.

4. 상호협력의 중요성

교사가 자기 역할을 수행하는 과정에서 필요한 상호협력은 크게 두 가지라고 할 수 있는데, 그것은 다른 분야와의 상호협력과 가정 및 지역과의 연계협력이다.

1) 다른 분야와의 상호협조와 교류

유아교육 · 보육의 전문성 향상을 위해서 다른 영역과의 상호협조가 점점 중요해진다. 유아교육 · 보육 영역과 다른 전문직과의 차이나 특징을 명확하게 하는 것, 유아교육 · 보육 영역의 독자성이 다른 영역과 상호협력하는 것, 다른 영역에 대하여 의미 있는 공헌을 할 수 있는 것 등을 말한다.

실제로 오늘날은 여러 전문 영역과 협력체제(collaboration)를 통하여 유아교육 · 보육의 질적 향상을 목표로 하고 있다. 유치원과 어린이집의 연계, 유치원과 초등학교의 연계, 소아의학과 유아교육 · 보육의 연계 등, 영역의 경계를 넘어선 협력이 이루어지고 있다.

결국 유아교육 · 보육의 하위 시스템과 그 밖의 휴먼 시스템과의 연계를 통해 현재의 가정과 교육의 문제점이 해결될 가능성을 발견할 수 있는 것이다.

예를 들어, 유치원이나 어린이집에서 부모와의 협력체제나, 장애아보육과의 연계나 통합교육의 시도, 양육지원 등을 주장하고 있다. 이러한 협력과 연계를 통하여 단독으로 달성할 수 없는 목표를 함께 해결해 가고자 시도하는 것이다.

또한 복수 영역의 학습도 진행되고 있다. 보다 전문화된 내용을 대학원 등에서 공부한다든지, 유치원 교사나 보육교사 자격에 더하여 특수교사, 음악치료사 등의 인정 자격을 취득한다든지, 전문성의 향상을 도모하는 경향이 조금씩이긴 하지만 여러 각도에서 나타나고 있다.

2) 가정이나 지역과의 연계와 협력

최근 들어 유아교육 · 보육 기관에 대한 가정과의 협력, 지역사회와의 협력 등의 사회적 역할이 강조되고 있다. 이것은 특히 보호자 등 가족을 유아교육 · 보육 실천의 협력자로 보는 것을 의미한다. 이러한 협력관계는 유치원이나 어린이집 측으로부터 가정에 일방적으로 요구하는 것이 아니며, 또한 역으로 개개의 가정의 교육 욕구에 유치원이나 어린이집이 전면적으로 대응하도록 하는 것도 아니다.

가정이나 지역과의 연계를 촉진하는 전제로는 아동 개개인의 발달이 개별적이라는 것과 마찬가지로 각 아동의 가정이 개별적으로 독특하다는 것과, 지역에 따라 유아교육 · 보육에 대한 욕구가 다르다는 것을 인식하는 것이라고 말할 수 있다. 중요한 것은 아동과 함께 교사와 보호자가 신뢰관계를 구축하고, 함께 양육을 위한 배움의 기회를 갖는 것이다. 따라서 각 가정과 지역사회는 정보를 교환하고, 실천을 통하여 의견교환이 이루어지고, 양육의 즐거움이나 어려움을 확인하고 공유하는 것이 필요하다.

다음으로 신뢰관계를 세우고 유지하는 일에 대해서 생각해 보자.

유치원에서 사고가 일어났을 경우, 교사로서 어떠한 대응을 해야 하는가? 사고가 발생했을 경우, 다음의 두 가지 사항에 대응해야 한다. 첫째, 아동을 확인하는 일이다. 아동의 안전을 확인하고, 아동에게 무슨 일이 일어났는지 그 사실을 확인한다. 둘째, 설명할 책임이다. 사고의 적확한 처리를 위해서, 재발을 방지하기 위해서, 그리고 교사, 보호자 그리고 누구보다도 아동과의 신뢰관계를 유지하기 위해서 사실을 설명해야 하는 책임이 있다.

사고는 일어나지 않는 초월적인 것이 아니라 언제든지 일어날 가능성이 있는 것이다. 집단생활 속에서는 모든 아동의 행동을 파악하는 것이 어려운 경우도 있다. 또한 아동의 신체발달과 그것을 판단하는 교사의 인식이 차이가 있을 경우 사고를 유발하게 하는 경우도 있다. 기후나 전염성 질병 등 불가항력의 사고도 있다. 사고를 유념하고 사고의 가능성을 생각하여 환경을 정비하고, 사고가 일어난 경우에 적절하게 대처해야 한다. 이것은 신뢰관계의 구축과 연결되는 문제이고, 사고에 대한 대응이라고 생각할 수 있다.

유아교육 · 보육 영역의 전문성이란 무엇일까? 기대되는 교육이란 어떤 것인가? 교육의 질이란 어떤 것인가? 사회 체계 속에서, 또한 한 사람 한 사람의 개별적 인격체와 만나는 교육현장 속에서 그 답은 한 가지일 수 없다. 따라서 교사의 탐구과제는 끝이 없다. 교사는 끊임없이 배우면서 마음을 쏟고 교육의 현장에서 어려움과 즐거움을 동시에 느끼며 생활한다. 보다 좋은 교육의 실현을 위해서는 교사들뿐 아니라 유아교육·보육에 힘쓰는 모든 사람들이 함께 공부하는 것이 중요하다고 말할 수 있다.

5. 사례 1: 일본의 동경학예대학 부속유치원–지역사회 부모의 파트너십 사례

다음의 사례는 일본의 국립동경학예대학의 부속유치원에서 부모와의 파트너십 형성을 위해 실행하고 있는 구체적인 양육지원 프로그램을 소개한 것이다. 프로그램에 참여했던 학부모들의 감상을 들여다보면 아동의 연령이 증가하면서 부모들의 시야도 넓어지는 것을 느낄 수 있다. 자신의 자녀에게 집중되어 있던 관심과 시야가 점차로 다른 아이들, 그리고 더 넓게는 원 전체와 지역사회로까지 확장되고 있다. 양육을 지원하는 시스템은 사회나 국가적 차원에서도 이루어져야 하겠지만 가까이는 지역에 존재하는 교육기관에서 네트워크를 형성하고 파트너십을 발휘하는 것이 우선적인 노력의 시작이 된다. 양육 스트레스를 해소하는 측면에서도 자녀와 부모가 함께 성장한다는 측면이나 생애학습의 차원에서도, 앞으로 우리나라의 유아교육·보육 기관에서 고민하고 모색해야 하는 부분이 아닐까 여겨진다.

1) 일상적 일과시간 사진의 게시

매일매일 일상적인 생활의 모습을 사진(담임교사가 촬영)으로 전한다. 연령별로 필요에 따라서 게시하는데 매월 1장에서 많게는 8장 정도까지 게재한다. 여기에 담임교사의 생각이나 교육방식 등에 대한 내용을 첨가하여 적는다.

이렇게 함으로써 각 상황에서의 유아의 생활모습이나 교사가 중요하다고 여기는 것이 바로 전달될 수 있고 시각적이기 때문에 전달이 쉬워진다. 또한 원에서의 유아의 생활을 알기 원하는 보호자의 욕구가 충족되고, 유아의 모습이나 교육현장 등을 이해함으로써 보호자가 안심하게 된다.

2) 교육참관, 개인면담

유아가 불안성한 신학기 때나 교육실습 기간 등 특정의 시기를 제외하고 매주 화요일은 보호자의 날로 설정한다.

교육 시간 중에는 언제라도 참관을 할 수 있도록 하고, 희망자에게는 교육 종료 후 개인면담(때로는 그룹면담)을 실시한다. 이때 면담은 담임교사에게만 한정되지 않고 원내의 누구에게라도 받을 수 있다.

보호자가 원에서 생활하는 아동의 모습을 참관하거나 교사와 면담을 함으로써 한 사람 한 사람의 양육을 교사와 부모가 함께 이야기하고 공유할 수 있다.

한편 교사는 가정에서의 유아의 모습이나 보호자를 파악할 수 있게 되므로 원내에서의 생활 지도를 위해서도 많은 도움을 받을 수 있게 된다.

3) 각 학년 교육 참가일

- 3, 4세 아동: 각 가정 별로 한 해에 2회씩 교육에 참가한다. 이때 형식적인 횟수는 3, 4세 학년이 같으나, 4세 학년부터는 인원수가 증가하고 활동도 보다 역동적이 되기 때문에 보호자가 보다 많은 유아와 상호작용하는 것이 가능해진다.
- 5세 아동: 각 가정에서, 한 해에 1회씩 교육에 참가한다. 그 외 매월 실시되는 생일잔치에 생일을 맞은 유아의 보호자가 참가하여 행사의 운영을 돕는다. 학년에 따라서 비정기적인 자원봉사나 원 전체의 활동에 참가하는 등 자주적인 교육 참가가 증가하기 때문에 점차로 정기적인 참가는 줄어든다.

이런 활동의 의미는 교사가 계획했던 교육활동에 보호자가 보육자로서 참가하는 것이다. 다양한 유아의 모습이나 교사의 의도적, 계획적인 교육운영에 대해 이해할 수 있게 한다. 그 외의 효과로 부모자녀관계가 좋아지는 것이나 원에 대한 신뢰감, 협력 의식이 커가는 것을 볼 수 있다.

4) 보호자의 교육 참가 후 감상

3세 아동의 부모	솔직히 아이와 모처럼 신나게 놀았다는 기분이 든다. 다른 친구들과의 상호 접촉도 무척 즐거웠다.
	내 아이의 하루의 생활을 볼 수 있어서 안심했다. 친구와 상호작용하는 모습, 놀이, 표정, 이야기 나누기 등이 즐거워 보였다.
	헤어지기 전에 노래를 매우 잘 불러서 감동을 받았다.

4세 아동의 부모	아무 일도 아닌 일로 다투는 것을 보았지만, 잘 중재하는 아이가 있는 것에 감동받았다. 또 곧 친구로 지내는걸 보고 안심했다.
	옆 반에는 아버지가 참가하고 있었는데, 남편도 반드시 참가하게 하고 싶었다.
	제일 깜짝 놀란 것은 식사 시간에 딸아이 옆 테이블의 아이가 '여기 오세요.'라고 말하는 소리를 들었을 때다. 어른과 아동 사이에 신뢰관계가 형성될 수 있는 진실한 환경을 실감하였다.
	일상적인 생활에서 자기 아동만 본다면 큰 변화가 있다는 것을 느끼기 어려울 텐데 교육 참가를 하는 가운데 다양한 모습을 볼 수 있는 것이 제일 귀중했다.
	집에서는 내 아이밖에 없기 때문에 남자아이의 노는 모습이 매우 신선하고 즐거웠다.
5세 아동의 부모	이번에는 아버지가 많이 참가하여 아버지들의 교류도 이루어졌다. 부모의 적극성이 아동의 원 생활에 매우 중요하다는 생각이 든다. 교사 이외에도 대학의 교수나 대학생에게도 많은 신세를 졌는데, 기획, 준비 등 매우 감사했다.
	참가해서 느낀 것은, '스스로 하는 것의 중요성' '결과를 서두르지 않는 것' '모두가 함께 사용하는 것 만들기'였다. 여러 가지를 배우는 모양을 볼 수 있었고, 실제로 해 보는 기회를 주는 것이 필요하다는 것을 다시 깨달았다.
	유치원에서의 교육도 평생교육의 일환이라는 생각이 들고, 지역에서 귀중한 체험이나 능력을 갖고 있는 여러 지역사회 인사의 귀중한 자산을 교육에 활용하는 것이 매우 좋다고 생각한다.

5) 지역의 부모와 영유아를 위한 지역사회 양육지원 프로그램

한 달에 두 번 정도 지역사회의 영유아와 부모를 위해 유치원의 시설을 개방하고 프로그램을 진행한다. 주로 2, 3세 아동이나 더 어린 아기가 부모와 함께 참여한다. 이때 대학의 유아교육과 교수가 프로그램 전체를 지도하고, 대학원생, 대학 3, 4학년생들이 스태프로 참여하여 부모들에게 다양한 역할 모델을 보여 준다. 다양한 교구에 의한 놀이, 동화 들려주기, 노래 부르기, 그 외 교수 및 스태프와 상담이 즉석에서 이루어진다. 이러한 활동의 의의는 지역사회의 부모들에게 양육을 지원하고 상담을 통해 고민을 들어주어, 심리적 위안을 얻게 하는 것이다. 한편 다른 영유아와 놀이하고 함께 교류하는 기회를 제공하는 효과도 있다.

[그림 5-1] 지역사회 양육지원 프로그램에서 다 함께 노래 부르기를 하는 부모와 유아들

[그림 5-2] 동경학예대학 부속유치원의 전경

[그림 5-3] 프로그램에 참여한 유아들이 놀이하는 모습

[그림 5-4] 부모와 유아들이 함께 신체활동을 하는 모습

[그림 5-5] 스태프로 참여한 학생들이 동화를 들려주는 모습

6. 사례 2: 우리나라의 한 사립 유치원의 양육지원 사례

1) 양육에서 기쁨과 즐거움을 느끼게 하기 위하여

서울 경기도 의정부 시에 있는 한 유치원은 고층 맨션과 사택 등이 들어서 있는 주택가에 위치하고 있다. 조부모와 함께 지내는 것이 드문 전형적인 핵가족세대로, 주로 어머니가 전업주부로서 자녀를 양육하고 있는 가정이 많다.

그러한 생활환경 가운데서 자녀를 양육하는 가정이 안고 있는 고민은 아동을 편안하게 놀게 할 수 있는 장소가 없는 것, 양육에 관하여 가까이서 상담할 수 있는 사람이 없다는 것이다. 몇 개 있는 공원은 더럽혀져 있거나 노숙자들이 자고 있는 경우가 많다. 아동을 안심하고 놀게 하고 부모가 반상회처럼 편안하게 정보를 교환하고 아동의 문제를 편안하게 상담할 수 있는 장을 원하고 있는 것이 부모들의 절실한 바람이다.

지역의 실정을 파악하여 이 유치원에서는 일찍부터 보호자와 아동의 관점에 서서 육아 지원을 실천하고 있다. "안심할 수 있는 놀이의 장이면서 동시에 육아의 전문가이기 때문에 할 수 있는 양육 지원이 있을 거라 생각한다. 지금, 혼자 힘으로 양육을 하고 있는 사람들이 그 즐거움이나 재미를 느낄 수 있도록 양육을 지원하고 있다."라고 이 유치원의 원장은 이야기한다.

2) 연령이나 요구에 대응하는 취학 전 프로그램

이 유치원에서는 취학 전 프로그램이 세 가지 실행되고 있다. 주 1회 2~3세 아동을 위한 플레이그룹 '무궁화 개구장이 모임'은 원의 놀이터를 개방하고 소집단으로 모래놀이나 물놀이 등을 체험하게 한다.

또한 월 1회 2~3세 아동의 부모를 대상으로 하는 운동회 '새싹회'에서는 유아체육 전문교사와 부모자녀가 함께 리듬놀이나 간단한 공작놀이 등을 한다.

그리고 0~2세 아동의 부모자녀의 놀이와 이야기 모임 '놀이동산회'(월 1회)에서는 부모자녀가 자유로운 놀이를 하는 등, 교사가 사회를 맡고 부모들이 양육에 대하여 이야기를 나누고 정보를 교환하는 등의 모임을 갖는다. 이와 같이 연령이나 요구에 맞게 보호자가 선택할 수 있는 모임이 준비되어 있다.

3) 아동에 대한 이해를 깊게

양육이 자신의 생각대로 되지 않아서 때로 아동에게 손을 들고 말았다는 이야기를 참여했던 어머니로부터 자주 듣게 된다. 프로그램에서는 여러 형태로 부모에게 도움을 주려고 하지만, 그 곳의 목표의 하나는 '아동을 보는 견해를 넓히고 이해를 깊게 하는 것'이라고 말한다.

예를 들어, 아동과 교사의 활동인 '무궁화 개구쟁이 모임'에서는, 교사가 아동과 상호작용하는 모양이나 원에 있는 연상의 원아의 행동을 보여 줌으로써, '아동에게는 다양한 개성이 있다.'라는 것을 보호자에게 느끼게 해 주는 것이다.

다른 부모에게 들은 말 한마디가 부담이 된다든지, 언제부터인가 양육이 경쟁이 되어, 눈에 보이는 성과를 아동에게 요구해 왔던 보호자의 생각은 여기서 크게 변화한다. '지금까지 내가 그렇게 작은 일로 고민했던가.'라는 생각을 하게 된다. 부모 자신이 아이를 객관적으로 보는 것이 중요하다고 원장은 말한다.

한편, 아동들은 다양한 놀이나 경험을 통하여 스스로 해낼 수 있다는 만족감, 자신감을 몸으로 체험하게 된다. 체육놀이를 하는 '새싹회'와 같이 대다수의 아동과 접촉할 기회를 가짐으로써 아동들은 집단성을 배워간다.

4) 재원생과 보호자를 위한 연장보육

재원생의 보호자 중에는 다시 취업을 준비하는 사람이나, 실제 일을 하고 있는 사람도 있다. 그러한 부모에게는 일상적인 교육시간 종료 후에 연장보육이 필요하다. 이 유치원에서는 주 5회 실시하는데 연장의 이유는 묻지 않는다. 늘 함께 있는 교실이 아닌 다른 또래와 교류하는 것을 통해 아동은 새로운 체험을 하게 된다.

원장은 미취원아를 받는 연장보육을 통하여 '간단히 시설을 개방한다든지 상담에 응하는 것만이 아닌, 아동이 있는 기쁨을 이곳에서부터 느끼기 시작하여, 아동의 성장의 기쁨을 공감할 수 있도록 육아를 지원하고 싶다.'라고 포부를 말한다.

참고문헌

윤혜경(2003). 보육실습. 서울: 동문사.

이은화, 배소연, 조부경(1995). 유아교사론. 파주: 양서원.

マクレンド, C. E./望田幸夫監譯(1993). 『近代ドイツの 專門職一 官吏・弁護士・医師・聖職者・教師・技術者』. 晃洋書房.

Forder, A. (1984). *Concept of Social Administration.* NewYork: Loufledge.

Joyce, B. R. (1988). Training Research and Perspective Teacher Education. *Journal of Teacher Education, 39*(5), 32–36.

Katz, L. G. (1984). The education of preprimary teacher. In L. G. Katz (Ed.), *Current Topics in Early Childhood Education for Teaching, 12*(1), 65–76.

Nagel, N. (1991). Criteria and selection of cooperating teachers involved in alternative teacher education. Paper presented at the annual meeting of the Association of Teacher Educator. ERIC Document No. ED 335 340, p. 9.

Saracho, O. N. (1993). Preparing teacher for early childhood programs in the Unated States. In B. Spodeck (Ed.), *Handbook of research on the education of young Children.* New York: Macmillan Publishing Company.

Schön, D. A. (1983). *The Reflective Practitioner: How Professionals Think in Action.* Basic Books.

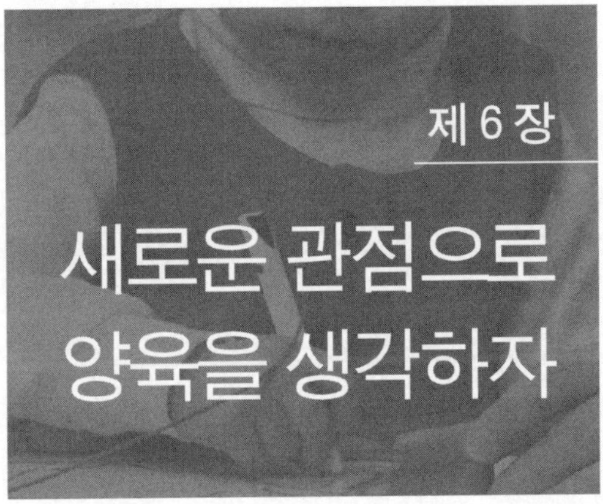

제 6 장

새로운 관점으로 양육을 생각하자

제6장_ 새로운 관점으로 양육을 생각하자

1. 아동을 이해하는 새로운 관점

아동이 성인이 되어서도 현재 사회가 그대로 같은 모양으로 존속하게 된다면, 교육의 목적은 성인사회의 필요에 의해 결정되어야 할 것이다. 그런 경우 교육의 목적은 문화의 전달이 된다. 직업도 지위도 부모가 아동에게 물려주는 것이 된다. 아동들은 가능한 한 빨리 성인사회에 참여하여 장래 필요한 지식이나 기능을 실제로 배워야 할 것이다.

실제로 그것은 루소의 시대에 수백 년에 걸쳐 행해졌던 교육의 방법이었다. 그러나 루소가 『에밀』에서 이야기했던 것은 그것과는 완전히 다른 교육적 구상이었다. 루소에 따르면, 사회의 질서는 새롭게 도출되는 것이어야만 한다. 루소는 『사회계약론』에서 새로운 사회의 구상을 그려 가는 한편, 『에밀』에서는 새로운 사회를 담당할 수 있는 인간을 어떻게 교육해야 하는가를 고아인 에밀과 가정교사 루소의 이야기를 통해서 강조하였다.

우리가 지금 기르고 가르치고 있는 아동들은 어쩌면 우리가 한 번도 경험해 보지 못했던 새로운 세상에서 살아가게 될지도 모르는 존재들이다. 과연 이들을 어떤 시각으로 바라보고, 무엇을 가르쳐서 그들이 살아가는 세상에 적응하고, 창조하고, 이끌어 가는 사람으로 자라게 할 수 있을까? 루소는 그 시대에 다음과 같은 고민을 하였다. "무엇보다 이들은 의사라든가 변호사, 귀족, 농민이기 이전에, 우선 인간인 것을 가르치고 싶다." 루소는 "당신의 손을 때는 순간, ……그는 무엇보다도 우선 인간이다."라고 말하였다.

1) 아동기의 실종

20세기는 '아동의 세기'라고 하였듯이, 망각된 아동기에 대한 반동으로 아동에 대한 연구가 활기를 띠었다. 여성과 마찬가지로 사회의 피시배 집난에 속해 있던 아동의 권리에 대해 눈을 돌리게 된 것이다.

그러나 과거에 아동기가 망각되어 있었다면 현재에는 아동기가 실종되었다며 또 다른 문제를 제기하고 있다. 아동이 나름대로 고유의 성장을 스스로 하지 못하고 성인사회에 곧장 진입한다는 것이다. 한 살이 되면 성인의 필요에 의해 고안된 탁아시설 또는 보육시설 등의 교육기관에 들어가 사회 체계를 배우고 적자생존의 사회상을 접하게 된다.

또한 현대에 들어와서 아동의 능력에 대한 많은 연구가 성과를 얻게 되면서, 그 결과 아동은 우리가 지금까지 생각한 것보다 많은 능력을 지닌 존재로 인식되게 되었다. 이러한 인식이 불행하게도 아동기의 실종을 더욱 부채질하는 결과를 빚었다고 할 수 있다. 브루너(Bruner), 헌트(Hunt) 등의 학자들이 아동에 대해 많은 것을 밝혀 주었으나 부모들은 그들의 의견을 달리 해석하여 자녀에게 무리한 요구를 하고 있는 것이다.

예를 들면, 브루너의 "아동은 누구나 나이에 관계없이 어떠한 주제에 대해서도 배우는 것이 가능하다."라는 유명한 가설이 마치 부모들에게는 일종의 선언 문구처럼 받아들여지는 것이다.

또한 헌트의 지능연구에서 지능은 고정된 것이 아니라 유동적이라는 결론이 많은 부모에게는 유아기의 경험이나 교육 프로그램에 따라서 지능 지수가 올라가고 영재를 만들 수 있는 것이라는 오해를 불러일으킨 것 같은 경우다. 이것을 믿는 부모들이 자녀에게 과잉으로 자극을 주려 하는 나머지 진정한 아동기를 누리며 성장할 권리를 빼앗고 있다. 즉, 아동이 자신의 고유한 시기에 누릴 것을 누리지 못하고, 아동기 동안 아동일 수 있는 권리마저 빼앗기는 아동기의 실종 현상을 나타내는 것이 현 사회의 하나의 신드롬이 되고 있는 것이다.

아동기의 소멸이라고 하는 새로운 시대에서, 누가 아동의 보호와 양육의 책임을 질 것인가? 이 중요한 물음이 우리 앞에 놓여 있다.

근대 사회는 세 개의 장치에 의해서 아동을 보호하고 양육하는 것이 가능하였다. 첫째는 지역공동체이고, 둘째는 가족이고, 세 번째는 학교였다. 그러나 이 세 장치는 여러 가지 원인들에 의하여 아동에 대하여 감당하던 보호와 양육의 기능이 쇠퇴하거나 약화되었다.

가장 먼저 해체된 것은 지역공동체였다. 그 변화는, 동네 마당에서 놀던 아이들이 점차 공원의 놀이터로, 다시 공원의 놀이터에서 아이들이 노는 모습이 사라져 가고 있는 것에서 볼 수 있다. 아동의 놀이집단의 붕괴 과정은 지역공동체가 양육을 위한 공공 공간을 쇠퇴시켜간 역사라고 말할 수도 있지 않을까? 그 다음은 가족의 교육기능이 해체되었다.

게다가 현재는 학교의 교육기능의 쇠퇴 문제가 더해지고 있다. 유아교육의 미래는 아동의 보호와 양육의 책임을 담당할 네트워크 만들기로부터 시작되고 있다.

2) 아동의 인권

스웨덴의 사상가인 엘렌 케이(E. Key, 1849~1926)는 교사로 일하면서 여성문제나 아동문제에 관하여 급진적인 논의를 전개한 여류 사상가다. 그녀는 『아동의 세기』(1909)를 통해 20세기는 아동의 세기가 되지 않으면 안 된다고 제언하였다.

1762년에 루소는 『에밀』에서 아동의 교육에 관하여 아동 존엄성을 존중해야 한다고 그 중요성을 강조하였다. 아동의 인권에 관한 최초의 선언은 1924년의 '제네바 선언'이다. 제네바 선언은 '인류는 아동에게 최신의 것을 주어야 하는 의무가 있다.'라고 적고 있다.

이와 같은 흐름 속에서 1989년 11월, 국제연합에 의해 '아동권리조약'(아동의 권리에 관한 조약)이 채택되었다. 아동에게도 성인과 같은 인간으로서의 인권이 인정된 것이다.

엘렌 케이가 주창한 때로부터 100년이 지나서, 점차로 아동의 인권에 대한 사회의 관심이 싹트게 되었다. 우리나라는 1990년에 '아동의 권리조약'에 비준하였다. 아동, 특히 영유아도 보호되고 건강하게 성장 발달할 권리를 가진 존재로서 인식되게 된 것이다.

아동은 보호되고 양육되지 않으면 살아갈 수 없는 존재이기 때문에 아동과 관련된 주위의 성인들, 즉 부모를 비롯하여 교사들은 아동의 인권을 침해하지 않으면서 아동을 건강하게 길러갈 의무가 있다.

그러나 사람들의 일상생활 속에서 '아동의 권리' 혹은 '아동의 인권'

이 어디까지 이해되고 있는 것일까? 일반 사회에서 유아는 부모의 부속물은 아니더라도 소유물처럼 여겨지는 경우가 많은 것이 사실이다. 생활 속에서 아동을 한 개인으로 인권을 가진 존재로 인정하는 데는 아직 이르지 못하고 있는 것이다. 우리들의 일상생활을 들여다보면, 곳곳에서 영유아의 권리가 침해되고 있는 사례를 흔하게 찾아볼 수 있다.

3) 일상생활에서의 유아의 인권

유아는 스스로의 환경을 선택할 수 없다. 따라서 환경과의 상호작용을 배우고 있는 유아에게, 다음과 같은 처우가 어떻게 '유아의 인권' 침해가 되는지를 생각해 보기로 하자.

예 1. 부모가 아이를 데리고 자가용으로 외출을 하였다. 여름이라 더운 날이었다. 한 살짜리 아기가 새근새근 잠이 들었다. 부모는 차를 나무 그늘에 세우고, 볼일을 보기 위하여, 30분간 차를 떠나 있었다.

예 2. 2세 아이가 식사를 하는 도중에 장난을 치고 있어서, 식사예절을 가르치게 위하여 음식을 뺏어 버렸다. 아동은 울면서 '아직, 더 먹을 거야.'라고 하지만, '바르게 먹지 않았기 때문에 이미 끝나 버렸어요. 다음부터는 바르게 먹도록 하세요.' 라고 말하고 음식을 치워버렸다.

예 3. 유치원의 3세 아동 교실에서, 교사가 모든 어린이를 대상으로 이야기하고 있을 때였다. 계속 떠들고 있는 아이가 있어서, '떠들지 마세요.'라고 주의를 주었으나 그 아이는 계속 떠들었다. 교사는 이 아이에게 주의를 주어도 이해하지 못한다고 생각하고, 몸으로 이해하도록 하기 위하여 '어디 보자.'라고 말하고 잠시 셀로판 테이프를 입에 붙였다.

예 4. 2세의 남아가, 마음에 드는 멜빵바지를 입고 어린이집에 갔다. 선생님이 '멜빵바지는 벗기기가 어려우므로 입히지 마세요.'라고 부모에게 말하며, 아동이 보는 눈앞에서 바지 단추를 벗겨 버렸다. 그 때문에 그 아이는 어린이집에 가기를 싫어하고, 결국은 가지 않게 되고 말았다.

예 5. 아동의 장래를 생각하여, 4세의 아이에게 피아노, 영어회화, 독서교실 등을 다니게 하고 있다. 유치원이 끝난 이후엔 어머니가 차로 데리고 가기 위해 대기하고 있다. 아동은 '가기 싫어.'라고 한 번도 말하지 않았지만 점점 아동의 표정이 생기를 잃어가게 되었다. 유치원 선생님이, 'ㅇㅇ는, 아무하고도 놀지 않고 잘 울 때가 많습니다. 특별활동을 줄여 보면 어떨까요?'라고 조언하였지만, 부모는 '내 아이의 일이니까, 이 아이의 장래를 위한 것이니까.'라며 그런 생활을 계속하고 있다.

예 6. 유치원에 다니는 5세 아동에게, 같은 반에 좋은 친구가 생겼다. 어머니는 그 친구의 어머니와 생활이나 교육관 등이 맞지 않는 면이 있다고 생각하였다. 어머니는 차츰 고민하다가, 결국은 자기의 아이가 그런 친구와 유치원이 끝난 이후에 함께 노는 것을 금지하였다.

이러한 사례가 어떻게, 어디까지, 유아의 인권을 침해하는가는 논의를 필요로 할 것이다. 자기선택, 자기결정이 불가능한 유아에게 가능한 한도와 범위를 선택하게 하기 위해서는 어떻게 하는 것이 바람직한 것일까? 유아의 입장에서 판단한다면, 유아가 발견하고 신호를 보여 주기를 기다리는 것이 한 사람 한 사람의 유아를 인간으로 존엄하게 여기고 보호하는 것이라고 생각된다.

2. 발달에 관한 새로운 관점

1) 능력론적 발달관점의 문제

아동을 교육하고 보육하는 분야에서 심리학의 연구성과에 근거해서 '발달'을 설명해 왔다. 확실히 이전까지 '할 수 없었던 것'이 '할 수 있는 것으로 되는 것'은 하나의 능력 획득의 결과라고 할 수 있고, 이것도 '발달'의 하나의 축이라고 말할 수 있을 것이다. 그러나 결과로 나타난 그러한 축 하나만을 '발달'로 생각해 버리는 것에는 문제가 있다고 여겨진다.

최근에는 이렇게 '발달'을 능력론적 관점('할 수 있다.'와 '할 수 없다.'라고 보는 관점)으로 바라보는 것에 대하여, 심리학에서도 문제점을 지적하게 되었다. 다음에서는 그 문제를 간단히 정리해 보고자 한다.

아동이 무언가 '할 수 있는 것' '할 수 없는 것'을 말하는 것은 사실 그 아동이 위치하고 있는 상황이나 장면이 영향을 주고 있는 것이라 할 수 있다.

예를 들어, 유치원에 입학 시기에, 원에 와서는 한마디도 말을 하지 않는 아이를 볼 수 있다. 그러나 어머니로부터 그 유아가 집에 있을 때의 모습을 들어보면, 평상시에는 말을 잘할 뿐 아니라 형제와 다투기라도 하면 더 잘한다고 한다. 이러한 경우, 유치원에서도 원의 생활에 익숙해지고 교사나 친구와의 관계가 안정되기만 하면 말하기를 자연스럽게 하게 되는 경우가 자주 있다.

결국, 아동이 무언가를 '할 수 있다'라고 한다면, 그 장소와 상황 가운데서 할 수 있는 것도 있고, 할 수 없게 된다든지, 하고 싫어하지 않게 된다든지 하는 것도 있는 것이다.

또한, '할 수 있다.' '할 수 없다.'라고 보는 견해는 '발달'이 일직선으로 상향해 간다고 보기 때문에, '할 수 없다'는 가운데 그 아동의 발달적인 '의미'가 존재하는 것을 못 보게 되는 문제가 있다.

말을 한마디도 하지 않던 아이를 다시 한 번 생각해 보자. 그 아이가 말하지 않았던 것은 유치원이나 그 장소에 있는 사람이 안심할 수 있는 장소나 존재가 아니라는 것뿐 아니라, 그 아이가 단어를 혼자 속으로 생각하고 있었던 것이라고도 생각할 수도 있는 것이다.

게다가 발달을 능력론적인 관점에서 바라보는 것은 그 아동이 어느 정도 '진보하고 있는가', 아니면 '늦어지고 있는가'라는 것을 평가 내리는 것이 된다. 그래서 양육에서 희망하는 발달의 기준이 상정될 뿐만 아니라, 빨리 그것을 '할 수 있게' 되는 것을 바라게 된다고 할 수 있다.

거기에 그치지 않고 지도의 필요성도 과도하게 강조되어, 아동에게 그 기준이 제시하는 방향으로 따라가게 하려는 경향을 보일 수 있다. 바꾸어 말한다면, 성인(보육자, 교사) 주도의 '가르치기'가 되는 것이다. 그런 경우 본래 중시되어야 하는 아동 자신의 자발적, 주체적인 활동은 인정될 수 없는 것이다.

그리고 이러한 견해가 인간의 능력을 단편적으로 보고 있는 것에도 문제가 있다. 예를 들면, 문자를 '쓰는 것' 하나를 봐도 단지 그 능력이 독립되어 존재하는 것이 아니다. 자신이 쓰고 싶다는 생각, 보여 주거나 읽어 주었으면 하는 상대가 있는 것, 놀이와의 관련 등 여러 측면과의 관련 속에서 '쓰는 것'이라는 행위가 있는 것이다.

한 아동은 그림책이 아주 좋은데, 문자를 손에 넣고 그림책의 세계를 자기 것으로 하고 싶다는 생각을 할지도 모른다. 또 다른 아이는 가게 놀이의 간판, 탈것 놀이의 차표나 역의 표시 등을 쓰고 싶어서 문자를 기억하고 싶어할지도 모른다. 결국 뭔가를 '할 수 있다.'라는 것은 단순히 개별로 기능하고 있는 능력에 의한 것만이 아니라는 것이다.

2) 관계 속에서 일어나는 발달: 관계론적 발달관점

이와 같이 '발달'을 능력론적 관점에서 바라보는 것에 대한 비판은 우리 인간이 단순히 개체로서 존재하는 것이 아니라, 다양한 타인이나 사물과의 관계 속에서 존재하고, 인간의 행위도 또한 그러한 관계 속에서 생기는 것이라는 점을 주목한 것이다. 즉, 인간의 전체성 · 관계성에 주목할 것을 제안하고 있는 것이다.

앞서 살펴본 것처럼, 능력론적인 발달관점은 잘못하면 아동을 낙인 찍고, 어머니의 육아를 부정적으로 평가하게 하는 위험성을 갖는다. 또한 아동의 부정적인 평가를 양육자의 책임으로 돌린다면 육아에 자신감을 잃거나 불안에 빠지게 만들 수도 있다.

'유치원 교육과정'이나 '표준보육과정'에서도 '발달단계'나 '발달과제'라고 하는 개념 대신에 한 사람 한 사람의 유아의 '발달과정'을 중시하도록 하는 방향으로 가고 있다. 유아의 주체성을 중요시하고, 유아를 객관적인 대상물로서 파악하는 것이 아니라, 주체적인 존재로 보는 관점으로 변경된 것이다.

결국 유아가 자기 자신과 관련된 세계(외계, 환경)를 '어떻게 판단하고, 어떻게 느끼고, 어떻게 생각하여 환경과 상호작용해 나가는가'라고 하는 관점으로 파악해 가는 것이다. 이는 유아의 '눈높이에 맞추는' 관점이다.

유아와 양육자의 상호작용 속에서 유아는 자기 자신을 신장시켜가는 힘을 발휘한다. 유아도 양육자도 상호작용을 통하여 상호 간에 능력이 향상되고 발달이 촉진되어 가는 것이다. 두 사람은 같은 세계에서 같은 시간을 공유하면서 상호작용하고 있다.

따라서 그런 과정 자체가 중요한 것이다. 이와 같은 관점은 발달단계의 능력 결과적 관점이 아니라, '관계론적 발달관점'이라 부를 수 있을 것이다.

3. 유아교육 · 보육의 전망

1) 아동의 최선의 이익

다른 경제 선진국과 같이 우리나라도 이미 아동의 환경이 복잡하게 변하고 있다. 우리 사회에 이미 나타나고 있는 기혼 여성의 사회 진출, 출산율 저하, 고령화 사회의 도래, 국제화, 정보화는 이미 상당히 진전되어 있는 상태다.

또한 가정의 양육 기능이 축소되어 가고 가족의 인간관계가 점점 소원화되는 현상은 교육기관에 대한 기대를 더욱 확대시키고 있다. 사회에 적응하고 기여할 수 있는 민주시민을 육성하고, 더불어 살아가는 심성을 키우고자 하는 내용을 교육기관에 더 많이 기대하게 된 것이다. 대상도 영유아기에서 시작하여 점점 저연령화되고 있다.

아동 권리가 확대되는 또 다른 한편에서는 보호자로서 다양한 욕구를 실현하고자 하는 성인의 권리도 확대 전개되고 있다. 겉으로는 양측의 의사가 상반될 가능성이 있는 것도 사실이다. 유아교육 기관에서의 교육 시간의 연장, 야간보육, 영아보육은 경우에 따라서는 아동의 의사표명권을 보장하는 것이라고는 할 수 없다. 아동의 권리를 보장하면서 동시에 부모의 다양한 욕구에 대응하고 남녀가 함께 참여하는 사회를 실현하기 위하여 여러 가지 노력이 앞으로 이루어져야 하는 실정이다.

국제연합의 '아동권리조약' 18조에 규정되어 있듯이 아동을 기르는 책임은 일차적으로는 보호자에게 있다. 동시에 사회(행정, 지역사회, 민간조직)는 아동의 권리를 보장하기 위하여 부모를 지원할 책임이 있는 것이다.

모든 교육과 보육의 기본적인 자세는, 아동의 이익이 최대한 존중되도록 배려하는 것이다. 이것을 대전제로 양육환경을 정비하고 사회 전체가 양육을 지원하는 시스템을 구축하는 방향이라야 할 것이다.

2) 우리나라의 유치원과 어린이집의 실태

우리나라의 주요한 유아교육시설은 유치원과 어린이집이다.

교육통계연보에 따르면, 2007년 6월 30일 기준으로 유치원 수는 8,294개소, 유치원 재원아 수는 54만 1,550명이다. 한편, 보육통계에 따르면, 2007년 6월 30일 기준으로 보육시설은 2만 9,823개소, 보육시설 보육아동 수는 106만 2,415명(0~2세아를 포함)으로 보육시설 이용 아동수가 유치원 재원아의 두 배에 달한다.

유치원과 어린이집은 전국에 어떻게 분포되어 있는가? [그림 6-1]은 유치원에 관해서, [그림 6-2]는 보육시설에 관해서 나타낸 것이다.

2007년 시도별, 설립별 유치원 수를 보면 전체 8,294개소 가운데 경기도가 1,835개소로 가장 많았고 그 다음이 서울로 890개소, 경북

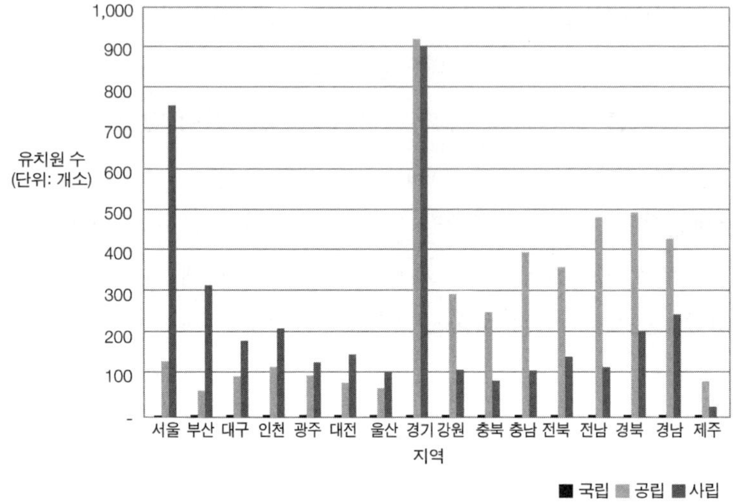

[그림 6-1] 지역별, 설립별 유치원 수

자료: 한국교육개발원 홈페이지 교육정책정보센터 통계자료(유치원 2007 자료).

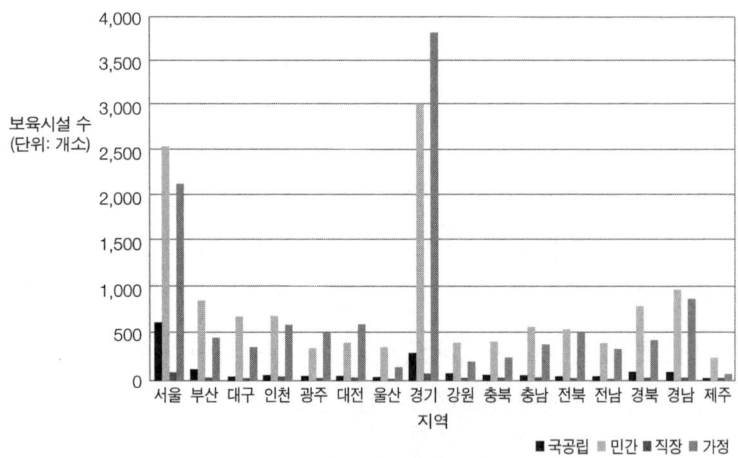

[그림 6-2] 지역별, 설립별 보육시설 수

자료: 한국교육개발원 홈페이지 교육정책정보센터 통계자료(유치원 2007 자료).

이 715개소, 경남이 690개소 등의 순으로 나타났다. 가장 적은 지역은 제주도로 111개소였다. 2007년 시도별, 설립별 보육시설 수를 보면 전체 29,823개소 가운데 경기도가 8,207개소로 가장 많았고 그 다음이 서울로 5,496개소, 경남이 2,130개소, 부산이 1,604개소 등의 순이었다.

연도별 유치원 수는 1980년대 이후 양적으로 매우 확대되었는데, 이는 정부가 1982년 3월에 '유아교육 진흥 종합계획'을 수립하고, 1982년 12월에는 「유아교육진흥법」을 제정, 공포하면서 나타난 결과로 볼 수 있다. 당시 정부는 농어촌 지역 초등학교에는 공립 병설유치원을 집중적으로 설립하고, 대도시 지역에는 수익자 부담의 사립유치원 설립을 적극적으로 유도하였다.

특히 공립 병설유치원의 설립은 일부 중산층 가정의 유아들만이 유아교육의 혜택을 받아 왔다는 불합리한 실정을 개선하고자 한 것이라 볼 수 있다. 즉, 국가적 관심 속에서 유아교육의 보편화 내지는 공교육화를 추진하여 지역 간, 계층 간, 사회문화적 격차를 해소하려는 정부의 의지를 나타낸 정책이었다.

그러나 1990년도 후반 이후 유치원 설립의 증가율은 급속히 감소하고 있는 것으로 나타났다. 이는 1991년 「영유아보육법」이 제정되면서 영유아 보육시설들이 단일 법령 속에 통합되고, 1997년부터는 보육시설 3개년 확충계획에 의하여 어린이집이 급속히 증가되었기 때문에 상대적으로 유치원 설립이 둔화된 것으로 볼 수 있다. 대신 1990년대 이후 어린이집의 수는 눈에 띄게 증가하여 현재에 이르고 있다.

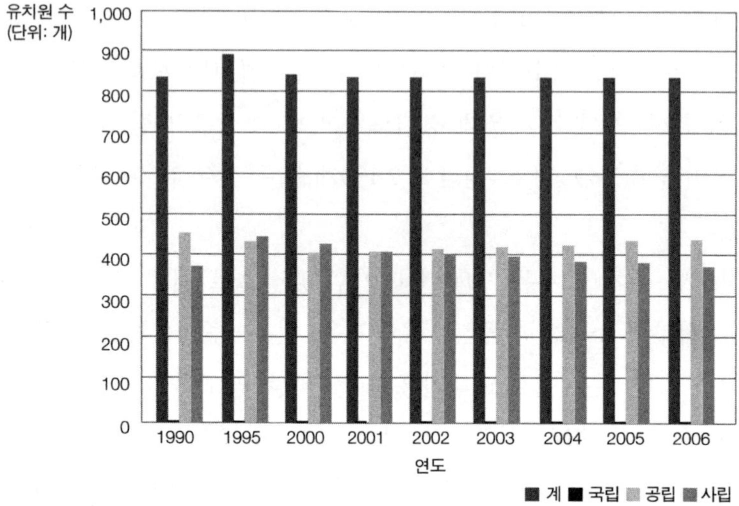

(단위: 개)

구분	계	국립	공립	사립
1990	8,354	1	4,602	3,751
1995	8,960	1	4,416	4,543
2000	8,494	3	4,173	4,318
2001	8,407	3	4,207	4,197
2002	8,343	3	4,237	4,103
2003	8,292	3	4,281	4,008
2004	8,246	3	4,325	3,918
2005	8,275	3	4,409	3,863
2006	8,290	3	4,457	3,830
2006	8,290	3	4,457	3,830
2007	8,294	3	4,445	3,846

[그림 6-3] 연도별 유치원 수

자료: 한국교육개발원 홈페이지 교육정책정보센터 통계자료(유치원 2007 자료)

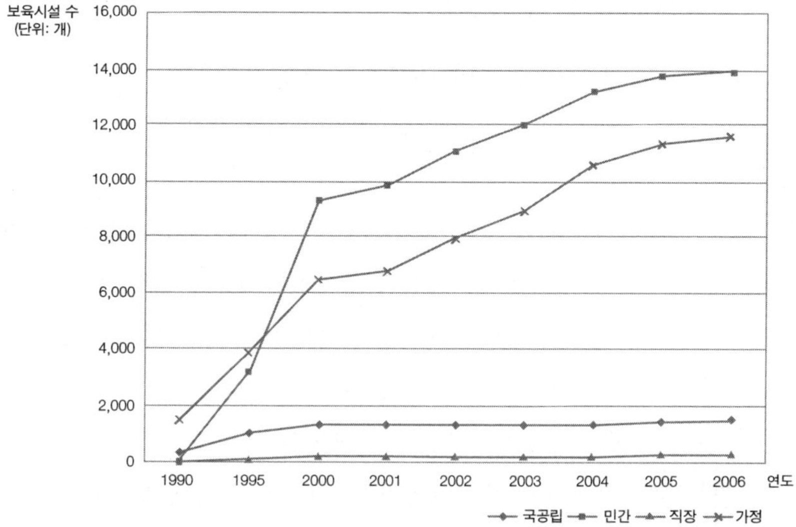

(단위: 개)

구분	계	국공립	법인	민간			직장	가정	부모 협동
				소계	법인 외	민간 개인			
1990	1,919	360	미분류	39	미분류		20	1,500	미분류
1995	9,085	1,029	928	3,197	3,175	22	87	3,844	미분류
2000	19,276	1,295	2,010	9,294	8,970	324	204	6,473	미분류
2001	20,097	1,306	1,991	9,803	9,490	313	196	6,801	미분류
2002	22,147	1,330	1,633	11,046	10,471	575	199	7,939	미분류
2003	24,142	1,329	1,632	12,012	11,225	787	236	8,933	미분류
2004	26,903	1,349	1,537	13,191	12,225	966	243	10,583	미분류
2005	28,367	1,473	1,495	13,748	12,769	979	263	11,346	42
2006	28,761	1,507	1,484	13,855	12,860	995	291	11,575	49
2007	29,823	1,670	1,461	13,958	1,034	12,924	312	12,360	62

주: 1) 1990년 민간설립 자료는 개인, 단체, 법인의 구분이 되어 있지 않음
2) 1990~2005년 자료는 12월 31일자, 2007년 자료는 6월 30일자 통계임
3) 부모협동 보육시설은 2005년에 신설된 분류임

[그림 6-4] 연도별 보육시설 수

자료: 한국교육개발원 홈페이지 교육정책정보센터 통계자료(유치원 2007 자료)

3) 저출산 사회의 대책: 일본

이미 20년 전부터 저출산의 문제로 정부적 차원에서 대책을 세웠던 다른 나라의 역사와 사례 가운데 우리와 가까이 있는 일본의 경우를 살펴보기로 하자.

일본은 이미 1984년에 보육소 등에서 '유유아건전육성사업(乳幼兒健全育成事業)'을 개시하였다. 이것이 소자화대책의 구체적인 사업의 시작이라고 생각할 수 있다. 1990년에는 당시의 후생성이 보고서를 제출하면서 급속한 소자화대책이 필요하다고 의논을 제시하였다.

1991년에는 정부에 의한 '건강하게 아동을 낳아 기르는 환경 만들기에 관한 관계성청연락회의총정리'를 시행하고, 분할된 행정을 탈피하여, 성청을 초월하는 협력의 장이 구축되었다. 같은 해에는 '육아휴가 등에 관한 법률'도 성립되었다.

일본 소자화대책의 대표적인 시책은 1994년의 '엔젤 플랜'이다. 엔젤플랜의 정식명칭은 '지금부터의 양육지원을 위한 시책의 기본적 방향에 관하여'다. 이것은 문부성, 후생성, 노동성, 건설성의 4개 부처 대신들의 합의에 의한 소자화 대책 정책이었다.

그 목적은 '사회전체의 양육에 대한 기운을 조성하고, 기업 직장 지역사회 등의 양육지원의 분위기를 촉진한다.'라고 하고, '금후 10년간, 문부성, 후생성, 노동성, 건설성이 사업관청으로서 양육지원의 사업을 추진한다.'라고 하였다. 그를 위해 안심하고 아동을 키울 수 있도록 하기 위한 환경을 정비하고, 사회의 모든 성원이 함께 양육에 협력하여 가는 시스템을 구축하는 것이 제창되었다. 동시에 그 전제로서, 아동의 이익이야말로 최대한 존중되기 위해 배려되어야 한다는 것이 제창되었다.

이후 '소자화대책추진관련각료회의'에서 결정된 '소자화정책기본방침'에 기초하여 책정된 것이 '신엔젤플랜'이다.

1999년부터 진행된 신엔젤플랜의 '중점적으로 추진해야 하는 소자화대책의 구체적 실시계획'은 대장성, 문부성, 후생성, 노동성, 건설성, 자치성의 6개 부처 대신의 합의에 기초하여 만들어진 것으로, 2004년까지의 목표치를 구체적으로 설정하고 있다.

주요한 내용은 다음의 여덟 가지 사항이다.

① 보육서비스 등 양육 지원서비스의 충실, ② 일과 양육의 양립을 위한 고용환경의 정비, ③ 근로하는 방법에서의 고정적인 성별 역할 분업이나 직장우선의 기업풍토의 시정, ④ 모자보건의료제체의 정비, ⑤ 지역에서 아동을 기르는 교육환경의 정비, ⑥ 아동들이 무럭무럭 자랄 수 있는 교육환경의 실현, ⑦ 교육에 수반되는 경제적 부담의 경감, ⑧ 주거환경 만들기나 거리 만들기와 같은 양육의 지원이다.

한편 계속적인 소자화의 진행으로, 시책 대상이 가정에서 더 한층 넓혀져 간다. 1994년에 시작한 '일과 가정양립지원특별원조사업'은 2001년에는 그 대책이 확대되어, 노동자뿐 아니라 아동을 가진 전체 국민을 대상으로 하였다. 각지에서 '패밀리서포트센터'가 설립되어 가는 중이다.

그러나 1995년 이후 성립된 엔젤플랜과 신엔젤플랜으로는 불충분하여 소자화대책을 근본적으로 새롭게 하기 위하여, 2003년에는 소자화사회대책기본법, 차세대육성지원대책추진법을 수립하였다.

이 두 법에 기초하여 정부수준에서는 전각료가 참가하고 수상을 회장으로 하는 소자화사회대책회의가 발족하였다. 이 회의는 나라의 기본 시책으로서 소자화사회대책대강을 결정하고, 그 중점 시책의 구체적 실시 계획으로서 '아동, 양육지원 플랜'을 책정하였다.

한편 지방자치단체 수준에서는 차세대육성지원대책추진법을 기본으로 차세대육성지원을 위한 지역행동계획을 책정하고, 시책을 추진하기 위하여 노력하도록 하였다. 행동계획은 당해 5년간(2005~2009)의 구체적인 시책에 관하여 목표 수치를 설정한 계획이지만, 추진 상황을 실천하는 데 더하여 다음의 5년간(2010~2014)의 행동 계획이 책정되도록 하는 것이다.

정부 수준에서는 2005년 소자화사회대책회의의 기본 위에 소자화사회대책추진회의를 발족시켜 2006년에는 그 논의 내용을 기본으로 '새로운 소자화대책에 대하여'가 강구되었다. 2007년에는 이른바 '아동과 가족을 지원하는 일본'이라는 중점전략검토회가 발족하였다.

이처럼 일본은 사회가 양육을 지원하고 소자화문제를 해결하기 위하여 국가적 차원에서 머리를 모으고 있는 현실이라고 말할 수 있을 것이다. 한편 보육소는 후생노동성, 유치원은 문부과학성이라는 관할의 벽을 넘어서 보육소와 유치원의 일원화 · 일체화를 목표로 시설을 공유한다든지 서로 교류를 하는 사례도 보이고 있다. 유치원과 보육소의 일원화 · 일체화의 문제는 앞으로의 일본의 유아교육 · 보육의 과제라고 말할 수 있다.

4) 저출산 사회의 대책: 우리나라

우리나라에 저출산고령화 사회의 도래가 이야기된 지 오래되었으나, 합계특수출산율(15세부터 49세까지의 여성을 대상으로 1인의 여성이 일생동안 낳은 아동 수를 산출한 것)은 감소가 계속되고, 2005년에는 드디어 1.08명이 되었다. 그 뒤 2006년에 약간 상승하여 1.13명에 이르렀다.

우리나라의 저출산에 영향을 미치는 경제적 · 사회적 · 문화적 원인들은 크게 전통적 가치관(가족관, 자녀관) 약화, 자녀교육비 주택마련 등 경제적 부담, 일-가정의 양립곤란, 육아 인프라 및 인적 자원 부족, 유사산 및 불임 증가(출산건강수준 저하), 실업 고용불안전 등이다(보건복지포럼, 2006).

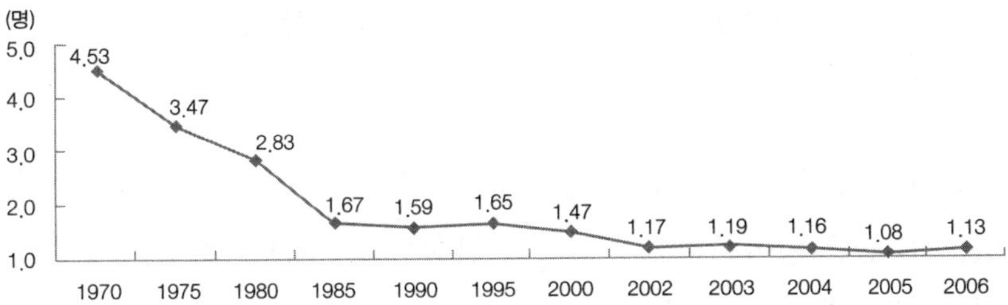

[그림 6-5] 우리나라의 합계출산율 연도별 추이

자료: 여성부 홈페이지 남녀별통계 '2007 여성통계'. (p. 11)

한편 여성의 경제활동 참여 욕구는 증가하고 있으나 육아부담으로 여성의 사회활동이 제약을 받고 있는 현실이다. 특히 우리나라의 경우는 25~34세 여성의 경제활동 참가율이 다른 연령층에 비해 지속적으로 낮으며, 취학 전 자녀를 가진 기혼 여성들이 자녀 육아를 위해 취업을 포기하는 비율이 높은 현실이다. 즉, 출산과 육아를 위해 일과 양육을 병립하는 것을 포기하고 양육을 선택하는 전형적인 M자형 곡선을 유지하고 있는 국가에 속한다고 말할 수 있다.

우리나라도 1987년부터 육아휴직제도를 실시하고, 2003년부터 월 30만 원의 임금이 지급되고 있으나 현실적인 문제로 실제 이용자 수는 매우 적은 현실이다. 2002년도의 경우 실제 육아휴직 이용자는 3,763명에 불과하고, 남성은 이 중 78명뿐이었다고 한다.

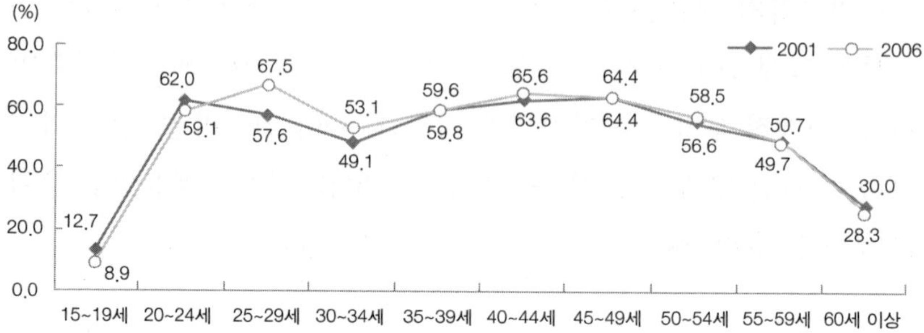

[그림 6-6] 여성의 연령별 경제활동 참가율

자료: 여성부 홈페이지 남녀별통계 '2007여성통계'. (p. 17)

보육에 대해서도 현실적으로 부모의 영아보육 욕구를 충족시킬 수 있는 질 높은 영아서비스가 부족한 현실이다. 2002년 기준 0~2세 총인구 대비 영아보육률은 10.1% 수준이었다. 부모들의 직종도 다양화되면서 시간 연장형 특수보육에 대한 요구도 높아지고 있으나 그 수요가 충족되지 못하고 있다. 보육시설의 경우는 시간연장형, 시간제보육, 휴일보육, 야간보육 등의 요구가 높다.

취업모들의 초등학교 저학년 아동의 경우도 방과 후 집에서 혼자 지내거나 형제자매끼리 지내며 방치되고 있는 경우도 상당하다.

기혼여성이 선호하는 출산지원정책을 보면 전반적으로 질 높은 보육시설 공급, 보육비 지원, 어머니의 탄력근무제도 등에 대한 선호도가 높게 나타나고 있다(보건복지포럼, 2006). 이것은 「OECD 2005년 보고서」에서 추천한 정책의 종류이기도 한다.

출산율을 일정 수준 이상으로 회복시키기 위해서는 다양한 사회적 · 정책적 노력이 필요하다는 것은 이미 비슷한 고민을 했던 선진국의 경우를 통해서 알 수 있다. 일부 저출산 국가들의 경험을 비추어 볼 때, 출산율을 회복시키는 각종 대책들은 소수의 특정 정책보다다면적으로 접근할 필요가 있다는 것을 보여 준다. 즉, 인구정책과 가족정책, 여성정책, 복지정책, 보건정책, 교육정책, 고용정책, 주택정책, 조세정책 등 관련 정책들이 유기적으로 통합되어야 하는 것이다.

프랑스가 한 세기라는 긴 시간 동안 심혈을 기울였고, 인접한 일본만 해도 출산율 회복을 위해 총체적으로 노력을 기울여 왔음을 알 수 있다. 출산율 회복을 위한 노력의 중요성은 더 이상 논의가 필요하지 않는 사실인 것이다.

5) 우리나라 유아교육 · 보육의 방향

지금 우리의 현실은 한 사람 한 사람의 아동이나 각각의 가정의 욕구에 대응하는 유아교육 · 보육 서비스에 대한 기대가 높은 것이 사실이다. 그러나 한편으로 저출산의 영향으로 아동의 수가 줄어듦에 따라 유아교육 · 보육 시설이 조만간 효율성의 문제에 부딪힐 수 있을 가능성도 배제할 수 없다. 대도시에서는 0~2세 아동을 위한 영유아시설 부족이 문제되고 있는 한편, 지역에 따라서는 유치원과 보육시설이 너무 인접하여 설치되어 있는 문제점도 동시에 안고 있는 것이다.

지금까지는 유아교육계나 보육계가 이원화되어 있고 나름대로 갈등을 겪어 온 것도 사실이다. 그러나 '가정의 양육기능 저하'를 위기로 바라보는 문제의식을 갖고, 이를 위하여 유아교육과 보육이 함께 '가정의 양육기능의 대체'를 담당하는 역할을 하고자 하는 점에서는 인식을 같이 하고 있다.

유아교육은 단순한 보호가 아니라 교육적 차원에서 아동의 보호를 하지 않으면 안 된다고 강조하고, 보육계는 보육이 보호와 교육이라는 두 가지의 개념을 갖추었기 때문에 보육이야말로 가정의 대체적 책임을 담당한다고 강조해 왔다. 또한 유아교육계와 보육계는 전문성이라는 개념을 사용하면서 '가정에서 불가능한 전문적인 것을 대신한다.'라는 측면도 주장해 왔다.

그러나 유아교육계는 이전에는 '유아교육=가정에서 불가능한 전문적인 것(교육)'을 강조하였으나 가정의 양육기능이 저하되면서 교육에 더하여 가정의 대체가 되는 보호의 개념을 중요한 내용으로 하게 되었다. 한편 보육계는 가정에서 이루어져야 하는 '결여된' 부분의 영역을 보육시설에서 '보충'에 더하여 부모의 취업 유무와 계층에 상관하지 않고 모든 아동이 아동이라는 이유로 보육을 받을 수 있는 것이라고 말하고 교육적 내용의 보완을 강조하는 질적 보육을 위해 노력하고 있다. 보육시설의 대상도 종래와 같은 대상이 아니라, 맞벌이 가정이나 경제적으로 윤택한 계층도 대상으로 하게 된 것이다.

결국 현재의 우리나라는 유아교육과 보육의 관계의 질이 변화하고 있다. 여성의 취업률 상승, 저출산의 진전에 의해 양립지원의 필요성이 높아지고 있는 가운데, 둘 간의 역할의 분리는 점차 옅어지고 있는 실정이다. 따라서 다양화하는 양육 욕구에 대응하기 위해 보육시설과 유치원은 지역의 실정을 살피고 상호 간의 연락을 보다 더 강화하는 것이 중요할 것이라 생각된다.

4. 글을 맺으며: 유아교육 · 보육의 미래의 방향

마지막으로 지금 요구되고 있는 유아교육 · 보육의 미래의 방향을 몇 가지 과제에 따라 제시해 보고자 한다.

첫 번째 과제는 아동을 재발견할 필요가 있다는 것이다. 근대의 '아동기'의 발견은, 루소의 『에밀』에 상징되어 있듯이, 아동의 '자연'을 발견하는 것으로서 '자연'이라는 이념으로 보편화되었던 '아동기의 발견'이었다. 그의 이념과 실태가 해체되어 가고 있는 현재, 고유성을 가진 구체적인 아동을 재발견할 필요가 있는 것이다. 이러한 과제를 수행하기 위해서는 아동의 발견을 자연과학에 기초하였던 '발달주의'를 극복하는 것도 검토되어야 하는 것은 아닌지 생각해 보아야 한다. 고유성을 갖춘 역사적 사회적인 존재로서의 구체적인 아동을 인식하도록 이끌어 갈 수 있는 발달연구로 나아가는 것이 요구된다.

두 번째 과제는 '아동기'를 성인기를 위한 준비 단계로 보는 방식을 탈피하는 것이다. 지금의 3세의 아동기는 3세의 인생을 충실하게 행복하게 살아가는 것에 만족하는 것도 아니고, 장래의 인생을 행복하게 살아가는 것을 보장받는 것도 아니라고 생각된다. 아동 한 사람 한 사람은 성인과 같이 인생의 지금 현재를 자유롭게 창조하며 충실하게 살아갈 권리를 갖고 있다. 그 권리를 실현하는 것이 교육의 제일의 목적이 되어야 한다.

세 번째 과제는 아동을 자립적인 존재로 인정하고 성인과 같이 창조성을 발휘하며 살아가는 존재로 바라보는 것이다. 근대의 사회는 아동을 '구제'의 대상으로 보았었다. '구제의 대상'으로서의 아동관은 우선 아동을 일방적인 교화의 대상으로 여기는 계몽주의 교육을 유도하였다. 또 한편에서는 '종교적 구제'로서의 아동관은 동심주의의 아동관과 아동의 신격화를 가져왔다. 아동을 성인과 마찬가지로 창조성을 발휘하고 배우면서 살아가는 능력을 갖춘 존재로서 재인식하는 것이 필요하다. 무엇보다도 아동 한 사람 한 사람의 존엄성을 인식할 필요가 있다.

마지막 네 번째 과제는 유아교육 · 보육의 미래는 아동의 존엄과 발달하는 권리를 보장하고, 부모와 시민과 교사의 연계를 통하여 혼자서 고군분투하는 양육에서 부모와 아동과 교사를 해방시키는 것이어야 한다. 그리고 부모와 사회가 공동체로서 아동의 현재와 미래를 염려하고 지지하는 새로운 사회를 만들어 가는 방향으로 나아가야 할 것이다.

참고문헌

서문희, 이세원(2006). 2007 보육 유아교육지원 정책. 육아정책포럼, 겨울(3), 36-44.

여성가족부(2006). 연도별 보육통계. 서울: 여성가족부.

여성가족부(2007). 2007년도 보육사업안.

장혜경, 이미정, 김경미, 김영란(2004). 저출산 시대에의 여성과 국가대응전략. 한국여성개발원.

한국보건사회연구원(2006). 보건복지포럼. 서울: 한국보건사회연구원.

홍금자(2006). 일본의 보육 및 아동양육지원 서비스 전달체계에 관한 연구. 한국영유아보육학, 46, 117-145.

普光院亞紀(2007).『変わる保育園』. 岩波ブックレットNo. 709.

森田明美(2001).『幼稚園が変わる保育所が変わる』. 明石書店.

小宮山子(2005).『保育園保育所保育總合施設は今からどうなるか』. チャイルド本社.

全國保育団体連絡會(2007).『2007 保育百書』. 保育研究所 編. ひとなる書房.

櫻井慶一(2006).『保育制度改革の諸問題』. 新讀書社.

お宮勇雄(2006).『保育の質を高める』. ひとなる書房.

Essa, E. L. (2003). *Introduction to Early Childhood Education.* Clifton Park, NY: Thomson/Delmar Learning.

Estes, L. S. (2004). *Essentials of Child Care and Early Education.* Boston: Pearson.

Roopnarine, J. L., & Johnson, J. E. (2004). *Approaches to Early Childhood education.* Upper Saddle River, NJ: Prentice-Hall.

i-子育てネット 〈http://www.i-kosodate.net〉
육아정책개발센터 〈http://www.kicce.re.kr〉
여성부 〈http://www.mogef.go.kr〉
저출산고령사회위원회 〈http://www.precap.go.kr〉
여성부 홈페이지 남녀별통계 '2007 여성통계' 〈http://www.mogef.go.kr〉
한국교육개발원 홈페이지 교육정책정보센터 통계자료/유치원 2007 자료 〈http://www.kedi.re.kr〉

인 명

박희도 85

Aries, P. 46

Bowlby, J. 114, 137
Bruner, J. 63, 182

Chard, S. 98
Chess 44

Dewey, J. 80

Freud, S. 27
Froebel, F. W. A. 47, 49, 52, 77, 78

Gardner, H. 65

Hall, G. S. 80
Huizinga, J. 50
Hull, C. 47
Hunt 182

Itard, J. 91

Katz, L. 98
Key, E. 184

Kilpatrick, W. 98

Locke, J. 74
Lorenz, K. 27

Mahler, M. 41
Montessori, M. 83

Oberlin, J 81
Owen, R. 83

Peabody, E. 79
Piaget, J. 48, 56

Rousseau, J. J. 75, 181, 184, 203

Schon, J. 162
Schurz, M. 79
Seguin, E. 91

Thomas 44

Vygotsky, L. 64, 148

Wallon, H. 62, 114

내 용

20은물 89
EBP 160
M자형 곡선 199
OECD 200

가역성 61
가족정책 201
각인 27
간식 109
감각기 38
감각기관 115
감각운동 단계 57
감수성 62
감염증 107
감정 38
개방교육 93, 95
개싱 26
개인면담 168
개인이해 지능 66
개인차 119
개체 33
개체화 43
건강 영역 123
게르트루드는 어떤 방법으로 그녀의 아이를 가르치는가? 76
경성유치원 84
계열화 61
계통적 74
고용정책 201
곤지곤지 116
곤충잡기 53
공간지능 66
공교육제도 77
공상 50
공생기 41
과학실험 영역 94
관계론적 발달관점 189, 190
교구 84, 88, 92
교육 공동체 145
교육계획안 162
교육사상 72
교육실천 162
교육에 관한 고찰 74
교육의 성찰 162
교육일지 162
교육정책 201
교육제도 72
교육참관 168
교육통계연보 192
구리 108
국가주의 77
국제몬테소리협회 84
귀신놀이 53
규칙성 44
그리기 53
그리기 영역 94
그림 134
그림책 118
근육 38
기록 162
기본 생활습관 142
기본적 생활습관 138
기분 44
기분전환 45
기억 39
기준 147

기질 26, 44
까꿍 놀이 49
까꿍놀이 115, 42
까다로운 기질의 아동 44
꼬리 34

나선형 교육과정 63
나트륨 108
네트워크 144, 167
논리-수학 지능 65
놀이 45
놀이집단 88
놀잇감 47
농번기 탁아소 86
뇌신경계 23
뇌의 민감기 37
뇌중량 37
뉴런 39
뉴런의 네트워크 형성 37
뉴욕종단연구 44
능력론적 발달관점 187
능력론적인 관점 188

다중지능 65
단백질 107, 108
당류 108
대교수학 72
대뇌피질 37
대상의 영속성 58
대인관계 43
대인관계 지능 66
대화 131
도덕 판단 61
도덕교육 71
도시화 20
도식 48, 56
독서산 77, 95
독서산교육 78
동물성단백질 108
동물행동학 28
동원 52
동적균형 57
동화 48, 56
따돌림 126

라틴어학교 72
레크리에이션 45
류신 108
리놀레산 107
리놀산 107

말단부 34
말타기놀이 53
매뉴얼 159
맥박 106
머리둘레 106
면접 56
면허제도 156
명예혁명 74
모국어학교 72
모래놀이 53, 128, 134
모방기 62
모방행동 62
모유 40, 107
모유 분비 40
모자상호작용 40
목공놀이 영역 94
무기질 108
문부과학성 198
문식자 140

문화전달 72, 154, 155
물놀이 134
미각 40
미군정 85
미네랄 107, 108
미세 운동 34
미인가 탁아시설 임시조치령 86
민감기 24, 34, 35
민주주의 77
민중학교 78

반성적 사고 162
반성적 실천자 162
반응의 강도 44
반응의 역치 44
반응이 느린 기질의 아동 44
발달 33, 56
발달과제 147, 189
발날난세 147, 189
발달주의 203
발린 108
발생적 문식성 140
발생학적 인식론 56
발열 106
발육 33, 35
방언 132
방향성 34, 53
배뇨 106
배변 106, 107
배변기 139
배변습관 107
배변훈련 139
배설의 습관 142
백가지 언어 97
백지 상태 74
범일 탁아소 86
범지적인 지식 72
변성 107
변화 33, 52
보건정책 201
보수교육 162
보육계획 122
보육시설 81
보육자상 81
보육정책 87
보육학교 95
보육환경 122
보편교육 75
보행 119, 42
복식호흡 107
복잡화 33
복지정책 201
부모지원 162
부산유치원 84
분리개체기 42
분리개체이론 41
분리개체화 이론 41
분쟁 126
분화 33, 42, 62
불안 42
블록놀이 52
비가역적 61
비구조적 99
비타민 107
비타민류 107
빈곤과의 전쟁 93
빈민교육 76

사고 39
사고능력 39

사교육론 74
사람 알아보기 42
사춘기 43, 105
사회개혁가 82
사회계약론 181
사회생활 124
사회성의 폭발 62, 114
사회통제 78
사회화 72, 77, 155
산업혁명 76, 82
산책 88, 116
상징적 사고단계 59
상징적 표상기능 59
상징적 표현 96
상호작용 22
상호협력 164
새마을 유아원 86
새마을 협동 유아원 86
생리현상 106
생명의 계획 24
생활경험 73
설문 조사 80
섬유질 108
성격형성학원 82
성숙 33
성장 33
성적 욕구 27
세계도회 73
세포분열 34
소극적 교육론 75
소꿉놀이 51, 53, 118, 125
소아의학 105
속도의 다양성 34
수경재배 89
수상돌기 37
수용 110, 163
수유 40
수의 보존 61
수작업 89
수정 33
수초 37
수초화 37
순서성 34
순한 기질의 아동 44
슈타이거 출판사 89
스냅숏 19
스캐폴딩 65
스키마 48
스킨십 39
스트레스 113
습관형성 74
승급교육 162
시각 40
시냅스 37
시민혁명 사상 77
식생활 107, 142
신경계 37
신경기능 37
신경세포 37
신경증 27
신드롬 183
신생아기 41, 105
신엔젤플랜 197
신장 35, 106
신체감각 96
신체운동 116
신체표현 88
신체-운동지능 66
실행적 지능 62
심미감 133

심상 59

아동, 양육지원 플랜 197
아동관의 전환 72
아동권리조약 184, 192
아동기의 실종 182
아동복지 83
아동복지법 86
아동에의 약속 158
아동의 뜰 78
아동의 세기 182, 184
아동의 집 84, 90, 90, 91
아동의 최선의 이익 12, 190
아동의'최선의 이익' 155
아동중심 96
아동중심주의 81
아동학대 162
아미노산 108
아연 108
아카데미아 72
아틀리에스타 97
안면근육 38
앙시앙 레짐기의 아동과 가족생활 46
애니미즘 61
애정 39
애정적인 상호관계 111
애착 27, 39, 62, 113, 137
애착행동 43
양성 체계 156
양육 핵가족 138
양의 보존 61, 63
어린이집 86
어머니학교 72
언어 환경 139
언어발달 139
언어영역 130
언어적 상호작용 112, 131, 139
언어지능 65
에너지원 108
에밀 75, 181, 203
엔젤 플랜 196
여성가족부 87
여성정책 201
연수 161
연습기 41, 42
연장보육 175
영아기 105
영역 93
영유아보육법 87, 193
오감 37
오감각 38
오락 45
오이디푸스 콤플렉스 27
오픈 방식 94
오픈 에듀케이션 93
욕망 27
운동 35
운동놀이 89
원장연수 162
유능화 33
유아 언어 112, 139
유아교육 개혁운동 47
유아교육진흥 5개년 계획 86
유아교육진흥법 85
유아기 105
유아학교 82
유유아건전육성사업 196
유전 25
유전자 33
유치원 78, 79

유치원 교육과정 86, 123, 189
유치원 교육과정령 85
유치원운동 81
육아인프라 199
은물 47, 79, 89
음악지능 66
의견 120
의사소통 51
이동성 61
이야기 나누기 88
이야기하기 89
이원화 201
이유식 119
이행기 41
인 108
인간관계 126, 127
인격 62
인공유 107
인과성 61
인구정책 201
인사하기 131
인지 35, 38
인지기능 39
인펀트 스쿨운동 78
인포멀 에듀케이션 95
일과 가정양립지원특별원조사업 197
일기 162
일반식 119
일심동체 42
읽기 쓰기 셈하기 71, 77
임상적인 방법 56
입력 38
자궁 41
자극 38
자기변혁 26

자기신뢰 41
자기실현 126
자기억제 126
자기주장 42
자기중심성 61
자기학습 92
자기활동 24
자발성 74
자발적 존재 24
자발적인 활동 54
자아존중감 41
자아형성 95
자폐기 41
작업교구 89
작은 성인 46
잠재적 가능성 22
잠재적 능력 22
장기기억 39
재접근기 41, 42
재현 52
잼잼 116
저출산 고령화 사회 155, 157
적목 88
적응성 44
전달회로 39
전문성 159, 161
전미유아교육협회 11, 158
전인적 발달 93
전조작적 단계 57, 59
접근/회피 44
정밀화 33
정보화 20
정서 35
정신발달 24
정신세계 56

정원사 79
젖샘 40
제1가베 88, 89
제3가베 88
제6가베 88
제네바 선언 184
제작 53
젠틀맨 교육 74
조선총독부 84
조세정책 201
조절 57
주의산만성 44
주임연수 162
주택정책 201
준전문직 157
줄넘기놀이 53
중심부 34
중앙유치원 85
지구력 44
지능검사 64
지능검사 점수 66
지방 107
지역공동체 183
직감 73
직감교육이론 73
직관적 사고단계 60
진흙 놀이 134
집중현상 92
집합의 포괄관계 61
짝짜꿍 116

척추 34
철 108
청각 40
체계 35
체온 106
체온조절 106
체중 35, 106
체험 39
체형 36
초기경험 27, 28
초기발달 35
초등교육개혁 95
초등학교 77, 82
초음파 검사 40
초저출산 현상 17
촉각 40
최근접영역 64, 148
추종행동 27
축색돌기 37
출력 38
출산율 17

칼륨 108
칼슘 108
코너 93
코뮤니케이션 122
킨더가르텐 78

탁아시설 81
탁아시설의설치운영규정 87
탄수화물 107, 108
탈모 108
탐구생활 127
탐구심 42
태교 41
태화기독교 사회관 86
통찰 158, 160
통찰력 54
통합기능 38

통합화 33
트립토판 108

파트너십 144, 167
판단 160
판타지 50
포스트 피아제학파 65
표상 52
표상기능 59
표상적 사고 59
표준 147
표준보육과정 122, 189
표준어 132
표준지식 159
표현능력 133
표현생활 133
표현활동 95
프라우덴 보고 95
프랑스혁명 77
프로락틴 40
프로젝트 접근법 96, 98
피부염 108
피하지방 108
필수 아미노산 108
필수지방산 107
학교 71
학령기 105
학습 39
한국전쟁 86
합계특수출산율 198
합리적 74
행동 39
행위 39
헤드스타트 프로그램 93
혈색소 108
협응 능력 116
호기심 133
호르몬 40
호모루덴스 50
호흡 106, 107
호흡중추 107
혼동적 사고 62
혼합 연령 84
화단 만들기 89
환경 25
환경결정론자 82
환경구성 95
환경요인 35
환경호르몬 20
활동성 44
회피 43
횡경막 107
후각 40
후생노동성 198
휴양 45
흉식호흡 107
흡수율 108

| 저자 소개 |

• 윤혜경

서울대학교 가정관리학과 졸업
숙명여자대학교 아동복지학과 석사 · 박사(아동복지전공)
현 경민대학 영유아보육과 교수

〈저서〉
보육학개론(공저, 동문사, 2005)
보육실습(동문사, 2003)
유아사회 교육의 이론과 실제(공저, 창지사, 2003)
부모교육(공저, 양지, 2002)
영유아발달의 이론과 실제(공저, 동문사, 2001)

함께 키우는 신육아론

2008년 9월 18일 1판 1쇄 인쇄
2008년 9월 23일 1판 1쇄 발행

지은이 • 윤혜경
펴낸이 • 김진환
펴낸곳 • 학지사
121-837 서울특별시 마포구 서교동 352-29 마인드월드빌딩 5층
대표전화 • 02)330-5114 / 팩스 02)324-2345
홈페이지 • http://www.hakjisa.co.kr
등 록 • 1992년 2월 19일 제2-1329호

ISBN 978-89-5891-743-4 93370

정가 9,000원